Intelligenz
Tests
sicher bestehen

Ken Russell / Philip Carter

Intelligenz Tests sicher bestehen

Bechtermünz Verlag

Originaltitel: How to succeed with IQ-tests
Originalverlag: Michael O´Mara Books Limited, London

Ins Deutsche übertragen von AMS/Dirk Oetzmann

Deutsche Erstausgabe

Bearbeitung und Redaktion: AMS Autoren- und Medienservice, Reute
Satz/Produktion: AMS/Rudolf Kempf
Umschlagmotiv: S/L Kommunikation, Wörthsee
Umschlaggestaltung: S/L Kommunikation, Wörthsee
Gesamtherstellung: Wiener Verlag, Himberg bei Wien
Printed in Austria
ISBN 3-8289-4809-X

Inhalt

Einführung

Was ist Intelligenz?

Intelligenz ist die Fähigkeit zu lernen und zu verstehen. Sie ist eine Begabung des Gehirns, die individuell unterschiedlich ausgeprägt ist, aber bei jedem Menschen das ganze Leben lang konstant bleibt.

Was ist der IQ?

Die Abkürzung „IQ" bedeutet „Intelligenzquotient". Intelligenz wird als „intellektuelle Leistungsfähigkeit" definiert; ein Quotient ist die Zahl, durch die eine andere geteilt wird. Um den IQ eines Kindes zu messen, gibt man ihm einen Intelligenztest, der zuvor schon tausendfach von anderen Kindern durchgeführt wurde, so daß das durchschnittliche Ergebnis jeder Altersgruppe bekannt ist. Wenn ein achtjähriges Kind ein Testergebnis erzielt, das dem Durchschnittsresultat eines zehnjährigen entspricht, ergibt sich mit Hilfe der folgenden Formel ein IQ von 125:

$$\frac{\text{mentales Alter}}{\text{chronologisches Alter}} \times 100 = \text{IQ}$$

$$\text{also}: \frac{10}{8} \times 100 = 125\ \text{IQ}$$

Ein achtjähriges Kind, das einen seinem Alter gemäßen Test besteht, an einem Test für Neunjährige jedoch scheitert, erreicht einen IQ von 8/8 x 100 = 100 IQ, was dem Durchschnitt entspricht.

Bei Erwachsenen wird diese Formel nicht angewendet. Statt dessen werden ihnen IQ-Tests vorgelegt, bei denen im Durchschnitt ein Wert von 100 erreicht wird und die Endergebnisse durch die Abweichung von diesem Normwert errechnet werden.

Die IQ-Verteilung der Erdbevölkerung entspricht in etwa der Form einer Glockenkurve. Auf der Cattell-Skala für Intelligenz hat z.B. die Hälfte der Menschen einen IQ zwischen 90 und 110 (eine Hälfte davon liegt über, die andere unter 100), bei 25 % liegt der Wert über 110, bei den restlichen 25 % unter 90. Von der oberen Gruppe erreichen 14,5 % einen Wert zwischen 110 und 120, 7 % zwischen 120 und 130 und 3,5 % über 130. In der unteren Gruppe liegt der IQ bei 14,5 % zwischen 80 und 90, bei 7 % zwischen 70 und 80 und bei den restlichen 3,5 % unter 70.

Ist es wichtig, einen hohen IQ zu besitzen?

Böse Zungen würden behaupten, daß ein hoher IQ nichts anderes bedeutet, als daß die betreffende Person bei Intelligenztests gut abschneidet. Nur weil jemand gute Ergebnisse in Intelligenztests erzielt, muß er oder sie noch lange nicht in der Lage sein, sich auch in akademischen Prüfungen selbst zu übertreffen, egal wie schlagfertig oder einfallsreich die Person auch ist. Es gibt verschiedene Formen von Intelligenz, die als Begabungen bezeichnet werden.

Daher können Menschen, die z. B. außergewöhnliche künstlerische, kreative, körperliche Fähigkeiten besitzen oder besonders geschickt sind, sehr erfolgreich sein, ohne einen ausgewiesen hohen IQ ihr eigen zu nennen. Gutes Erinnerungsvermögen ist eine weitere Form von Intelligenz, die Erfolge in der Wissenschaft auch ohne hohen IQ ermöglichen. Dennoch ist der Einsatz von IQ-Tests heute in vielen Firmen und Institutionen durchaus üblich, eine gewisse Fertigkeit im Umgang mit ihnen kann die Einstellungschancen also deutlich verbessern.

Ein hoher IQ allein macht nicht erfolgreich. Er bedeutet auch nicht, daß andere für persönlichen Erfolg relevante Eigenschaften wie Ausdauer, Fingerspitzengefühl und Phantasie automatisch auch vorhanden sind. Trotzdem ist er auf jeden Fall gut für das Selbstbewußtsein und verleiht vielleicht auch ein bißchen mehr Mut zum Risiko.

Was ist ein Intelligenztest?

Intelligenztests sind standardisierte Prüfungen zur Messung menschlicher Intelligenz in Abgrenzung zu persönlicher Leistung. Ein Test besteht aus einer Reihe von Fragen, Übungen und/oder Aufgaben, die bereits Tausenden von Prüflingen gestellt worden sind.

Was für Fragen werden in Intelligenztests gestellt?

Häufig werden Fragen zum Wortschatz gestellt. Es wird allgemein angenommen, daß die Beherrschung des Vokabulars auf die Fähigkeit hindeutet, Ordnung zu schaffen, wo Chaos herrscht. Auch Rechenaufgaben werden oft eingesetzt, sie testen jedoch eher das Assoziationsvermögen als die Kenntnis mathematischer Formeln. Heutzutage zeigt sich außerdem die Tendenz, Schaubilder zum Prüfen der räumlichen Vorstellungskraft einzusetzen und den Wortschatz in den Hintergrund zu stellen. Die Verfechter dieses Aufgabentyps argumentieren damit, daß Schaubilder unabhängig von Bildung und kulturellem Hintergrund nur die reine Intelligenz testen.

Wozu dienen IQ-Tests?

In Bildungseinrichtungen werden Intelligenztests durchgeführt, um den Leistungsstand der Besucher einschätzen zu können und den Unterricht dementsprechend zu planen und auszurichten. In Wirtschaft und Industrie dienen Intelligenztests dazu, Mitarbeiter auszuwählen und einzuschätzen. Außerdem ist es vielen Menschen wichtig, ihren IQ zu kennen, um in der Lage zu sein, die eigenen Fähigkeiten zu erfassen und zu nutzen.

Kann ich meinen IQ verbessern?

Das mentale Alter entwickelt sich gleichbleibend bis ungefähr zum 13. Lebensjahr. Danach verlangsamt sich die Entwicklung, der endgültige Stand wird meistens im Alter von 18 Jahren erreicht.

Wie kann ich also gute Testergebnisse erzielen?

Obwohl es als allgemein anerkannt gilt, daß der IQ erblich ist und das ganze Leben lang verhältnismäßig konstant bleibt, kann man seine Leistungen verbessern, indem man sich regelmäßig in der Beantwortung typischer Testfragen übt.

Wenn ein Sportler seine Leistungen verbessern will, muß er sich einem anstrengenden Trainingsprogramm unterziehen und versuchen, seine Technik zu verfeinern. Dabei spielt es keine Rolle, auf welchem Niveau der Sport betrieben wird. In ganz ähnlicher Weise gibt dieses Buch Ihnen Gelegenheit, Ihr Gehirn zu trainieren und dadurch bei IQ-Tests besser und erfolgreicher abzuschneiden.

IQ-Tests werden unter der Annahme aufgestellt, daß die Teilnehmer wenig oder gar nichts über die Testmethoden und Fragetypen wissen. Je mehr man also über die Anforderungen solcher Tests weiß, desto besser kann man sich vorbereiten und bessere Ergebnisse erzielen. Die 14 Tests in diesem Buch sollen dafür Hilfestellung leisten. Sie bieten eine große Bandbreite unterschiedlichster Fragen aus den Bereichen Wortschatz, logisches Denken und räumliches Vorstellungsvermögen. Da die Tests speziell auf die Erlangung von Praxis ausgelegt und daher nicht standardisiert sind, steht am Ende der Auswertung auch kein tatsächlicher IQ. Sie sind als Übungen für alle gedacht, die sich vielleicht bald einem IQ-Test unterziehen müssen, und mit einem Leitfaden versehen, anhand dessen die Ergebnisse jedes einzelnen und aller 14 Tests ausgewertet werden können. Die Benutzer dieses Buchs werden feststellen, daß sich ihre Leistungen von Test zu Test verbessern, wenn sie sich mit den Fragestellungen vertraut gemacht und gelernt haben, mit ihnen umzugehen.

Wie benutze ich dieses Buch?

Jeder der 14 Tests in diesem Buch besteht aus 30 Fragen. Alle Tests haben ungefähr dasselbe Schwierigkeitsniveau. Für jeden Test gibt es eine Bewertungsskala, die auch zur Auswertung aller 14 Tests hochgerechnet werden kann.

Jeder Test muß innerhalb von 60 Minuten bewältigt werden. Die Antworten werden am Ende jedes Tests angegeben – geben Sie sich einen Punkt pro richtiger Antwort. Einige Antworten sind mit detaillierten Erklärungen versehen, damit Sie genau nachvollziehen können, wie und warum Sie eventuell zu einer falschen Antwort gelangt sind.

Auswertung:

Ein Test

Punkte	**Beurteilung**
27–30	hervorragend
24–26	ausgezeichnet
20–23	sehr gut
15–19	gut
10–14	durchschnittlich

Alle Tests

Punkte	**Beurteilung**
378–420	hervorragend
336–377	ausgezeichnet
280–335	sehr gut
210–279	gut
140–209	durchschnittlich

Ist es hilfreich, sich vor Beginn der Tests einige Beispiele anzusehen?

Ja. Obwohl es für das Üben mit richtigen Tests keinen Ersatz gibt, sollte man bereits vorher ungefähr wissen, mit welcher Art von Aufgaben man es zu tun haben wird. Deshalb werden hier einige Fragestellungen, die Ihnen in den Tests wieder begegnen werden, aufgezählt und anhand von Beispielen erläutert.

Welches Element gehört nicht dazu?

Jeder besitzt die Fähigkeit, Objekte in Gruppen zusammenzufassen. Wir alle wissen z.B., daß Buche, Ulme, Eiche und Weide zur Gruppe der Bäume gehören. Wenn in dieser Aufzählung plötzlich der Begriff Narzisse auftaucht, wird er als nicht zugehörig erkannt, da er eine Blume bezeichnet.

Analytisches Denken und Flexibilität sind bei diesem Aufgabentyp gefragt, da er sich auch auf mathematische und räumliche Fragen erstrecken kann und ein Element daher aus ganz unterschiedlichen Gründen als nicht zugehörig erachtet werden kann.

Beispiele:

1. Welches Element gehört nicht dazu?

Bleibe, Wohnung, Haus, Villa, Straße

Antwort: Straße. Alle anderen Begriffe bezeichnen Wohnorte. Eine Straße ist im allgemeinen ein Ort, an dem es mehrere Häuser, Gärten, Bäume, Bürgersteige, Straßenbeläge usw. geben kann.

2. Welches Element gehört nicht dazu?

beruhigt, still, entspannt, gelassen, ausgeglichen

Antwort: Still. Die anderen Begriffe bedeuten alle dasselbe. Still zu sein heißt aber nicht unbedingt, beruhigt, entspannt, gelassen und ausgeglichen zu sein. Man kann furchtbar aufgeregt oder beunruhigt sein und sich trotzdem still verhalten.

3. Welches Element gehört nicht dazu?

1, 3, 5, 9, 10

Antwort: 10. Im Gegensatz zu den anderen ist dies eine gerade Zahl.

4. Welches Element gehört nicht dazu?

7436, 5294, 9618, 3854, 9218

Diese Aufgabe ist etwas schwieriger, sie zeigt, wofür Flexibilität und „Querdenkerei" gut sein können. Auf den ersten Blick ist nicht erkennbar, was die Zahlen voneinander unterscheidet. Es sind alles gerade Zahlen, die erste Ziffer ist bei allen ungerade, die zweite gerade und die dritte wieder ungerade. Jede Zahl besteht aus insgesamt vier Ziffern. Worin besteht also der zu suchende Unterschied? Wenn Sie die Quersumme der einzelnen Zahlen bilden, werden Sie feststellen, daß das Ergebnis bei fast jeder Zahl 20 ergibt. Einzige Ausnahme ist die 9618. Hier ergibt sich die Quersumme 24, damit ist dies die gesuchte Zahl.

5. Welches Element gehört nicht dazu?

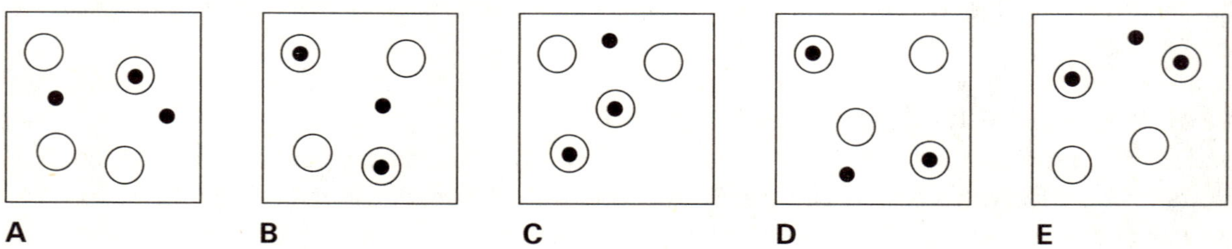

Antwort: A. Jedes Quadrat beinhaltet drei schwarze Punkte und vier Kreise. Das Quadrat A ist das einzige, in dem sich nur ein schwarzer Punkt in einem Kreis befindet. Bei allen anderen finden sich zwei Punkte in den Kreisen.

6. Welches Element gehört nicht dazu?

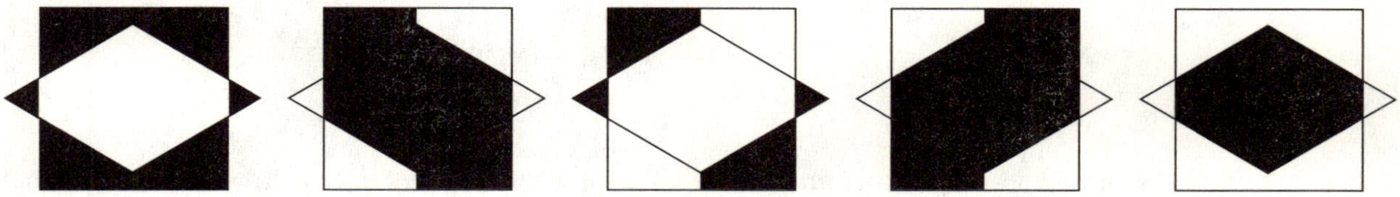

Diese Aufgabe ist wiederum deutlich schwieriger als die vorige. Vergleichen Sie die Schaubilder miteinander. Jedes zeigt ein Quadrat und eine Raute, einige Teilflächen sind schwarz eingefärbt. Bei genauerem Hinsehen erkennt man jedoch, daß die Abbildungen A und E dasselbe Muster besitzen, allerdings mit vertauschten Farben. Dieselbe Analogie besteht zwischen den Abbildungen C und D. Damit bleibt Abbildung B als einzige ohne Gegenstück, sie gehört nicht in die Reihe.

Synonyme und Antonyme

Ein Synonym ist ein Wort, daß dieselbe Bedeutung hat wie ein anderes Wort derselben Sprache. Ein Antonym ist ein Wort, daß das Gegenteil eines anderen Wortes derselben Sprache bedeutet. Sowohl Synonym- als auch Antonymtests sind weit verbreitet, sie kommen in verschiedenen Variationen vor.

Beispiele:

1. Welches der in Klammern stehenden Worte bedeutet dasselbe wie das in Großbuchstaben?

EINFACH (schlicht, raffiniert, infantil, prätentiös, gut)

Antwort: schlicht

2. Welches der in Klammern stehenden Worte bedeutet das Gegenteil von dem in Großbuchstaben?

OBSKUR (tief, abstrus, offensichtlich, Antwort, Wahrheit)

Antwort: offensichtlich

3. Die Bedeutungen welcher beiden Worte kommen einander am nächsten?

lösen, neugierig, untersuchen, fördern, schlußfolgern, erforschen

Antwort: untersuchen, erforschen

4. Welche beiden Worte haben gegenteilige Bedeutung?

dunkel, wahr, schlank, falsch, beschuldigen, testen

Antwort: wahr, falsch

5. Vervollständigen Sie die Wörter und lesen Sie im Uhrzeigersinn, die Wörter sind Antonyme.

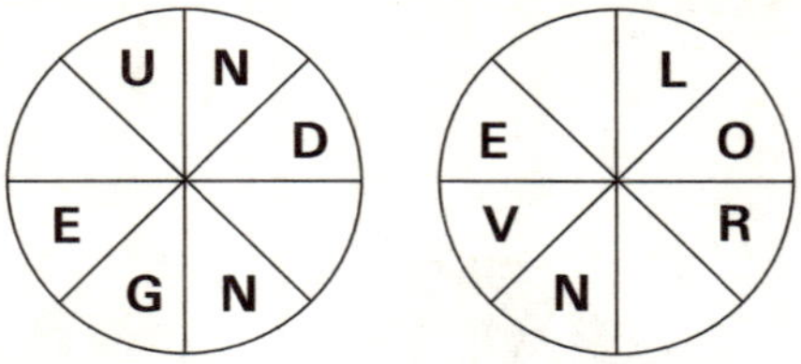

Lösung: GEFUNDEN, VERLOREN

Analogie

Eine Analogie ist eine Übereinstimmung, die sich durch den Vergleich mit einem anderen Begriffspaar erschließt. Auch dieser Aufgabentyp kommt in verschiedenen Variationen vor und kann sich mit Worten, Zahlen oder Bildern befassen.

Beispiele:

1. HELM verhält sich zu Schutz wie

TIARA zu (Schmuck, Königin, Haar, Hoheit, Kopf)

Antwort: Schmuck. Sowohl ein Helm als auch eine Tiara werden auf dem Kopf getragen, während der Helm aber zum Schutz des Kopfs da ist, dient die Tiara als Schmuck.

2. Welches Wortpaar steht in demselben Verhältnis wie das in Großbuchstaben?

SCHÄTZEN : SPEKULIEREN

A bewerten : grübeln
B voraussetzen : erachten
C entwerfen : bewerten
D nachdenken : meditieren
E ableiten : vermitteln

Antwort: **D**. Dies ist sowohl eine Analogie als auch eine Synonymaufgabe. Die Worte schätzen und spekulieren sind Synonyme, gesucht wird also logischerweise nach einem Begriffspaar, das ebenfalls aus Synonymen besteht. Das Paar nachdenken : meditieren kommt dieser Forderung am nächsten und ist deshalb die richtige Antwort.

3. 547 verhält sich zu 475 wie

328 zu (823, 382, 832, 283, 238)

Antwort: 283. Obwohl dies eine Zahlenaufgabe ist, hat die Antwort nicht mit Mathematik zu tun. Es geht hier nur um das Vertauschen der Ziffern. Die erste Ziffer wird an die letzte Stelle geschoben, wodurch die zweite Ziffer zur ersten und die dritte Ziffer zur zweiten wird.

4. 48 : 192 : 64
Welche Zahlenfolge drückt dasselbe Verhältnis aus wie die obige?

A	82	:	246	:	96
B	31	:	124	:	72
C	96	:	192	:	48
D	35	:	175	:	54
E	27	:	108	:	36

Antwort: **E** 27 : 108 : 36. Hier bedarf es der Mathematik. Multiplizieren Sie die erste Zahl mit dem Faktor 4, um die zweite Zahl zu erhalten, also 48 x 4 = 192 bzw. 27 x 4 = 108. Sodann dividieren Sie das Ergebnis durch 3 und erhalten die letzte Zahl, also 192 : 3 = 64 bzw. 108 : 3 = 36.

5.  verhält sich zu  wie 

sich verhält zu **A** **B** **C** **D** **E**

Antwort: **B.** Die ersten beiden Figuren werden übereinandergelegt, dann verschwinden jedoch die gebogenen Linien, nur die geraden Linien bleiben sichtbar.

Folgen
Folgen können aus Wörtern bestehen, meistens sind es aber Zahlen oder Figuren.

Beispiele:
1. 25, 23, 20, 16, ? Wie lautet die nächste Zahl?

Antwort: 11. Subtrahieren Sie 2, 3, 4, 5 nacheinander, der Subtrahend nimmt also jedes Mal um 1 zu.

2. 

Welche Figur vervollständigt die Sequenz?

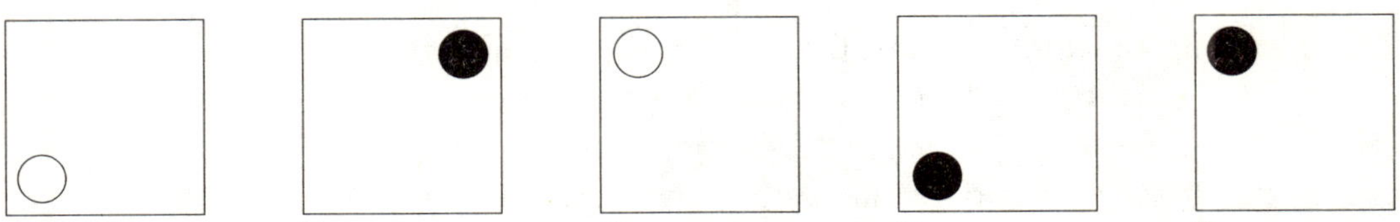

A **B** **C** **D** **E**

Antwort: **E.** Der Punkt bewegt sich gegen den Uhrzeigersinn immer um eine Ecke weiter. Dabei ist er abwechselnd schwarz und weiß.

Matrix

Wie Folgen kann auch eine Matrix aus Wörtern bestehen, sie wird jedoch in den meisten Fällen aus Figuren oder Zahlen gebildet. Normalerweise werden neun Quadrate in drei Reihen angeordnet, von denen eins, unten rechts, fehlt. Dieses muß aus einer von mehreren Lösungsmöglichkeiten herausgefunden werden. Die Anordnung muß als Ganzes betrachtet, die horizontalen und vertikalen Abfolgen auf ein logisches Prinzip oder eine Entwicklung hin untersucht werden.

Beispiele:

1. Welches Element vervollständigt die Matrix?

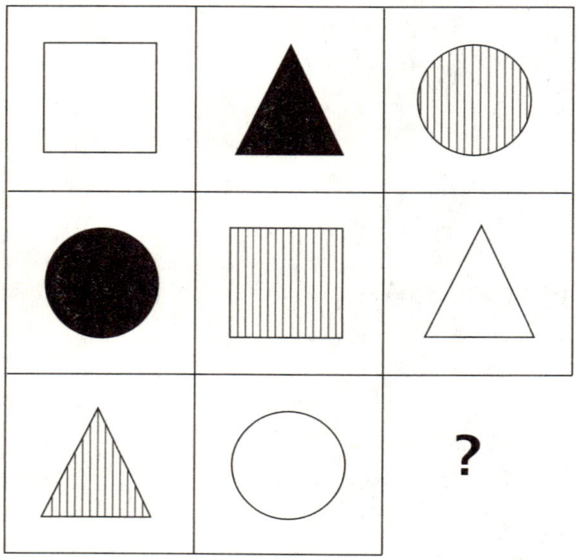

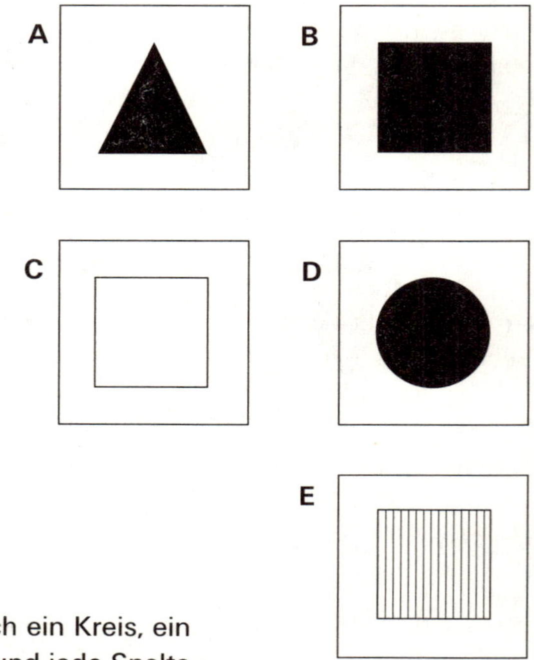

Antwort: **B.** In jeder Reihe und jeder Spalte befindet sich ein Kreis, ein Quadrat und ein Dreieck. Außerdem enthält jede Reihe und jede Spalte eine schwarze, eine weiße und eine gestreifte Figur.

2. Welche Ziffer muß anstelle des Fragezeichens stehen?

2	4	6	8
5	7	9	11
8	10	12	14
11	13	17	?

Antwort: 17. In den Reihen wird von links nach rechts immer die Ziffer 2 hinzuaddiert, in den Spalten die Ziffer 3.

Diese Liste von Beispielen erhebt natürlich keinen Anspruch auf Vollständigkeit, zeigt aber eine Auswahl verschiedener Fragestellungen auf, die in Intelligenztests vorkommen bzw. stellt Denkprozesse dar, die für die Bewältigung der Tests notwendig sind. Dennoch werden nicht nur verschiedene Variationen der genannten Typen, sondern auch ganz andere Fragestellungen auftauchen, manche davon nur einmal; alle sind jedoch durch logisches „Querdenken" zu lösen.

TEST 1

Aufgaben

1. Welches Feld gehört nicht dazu?

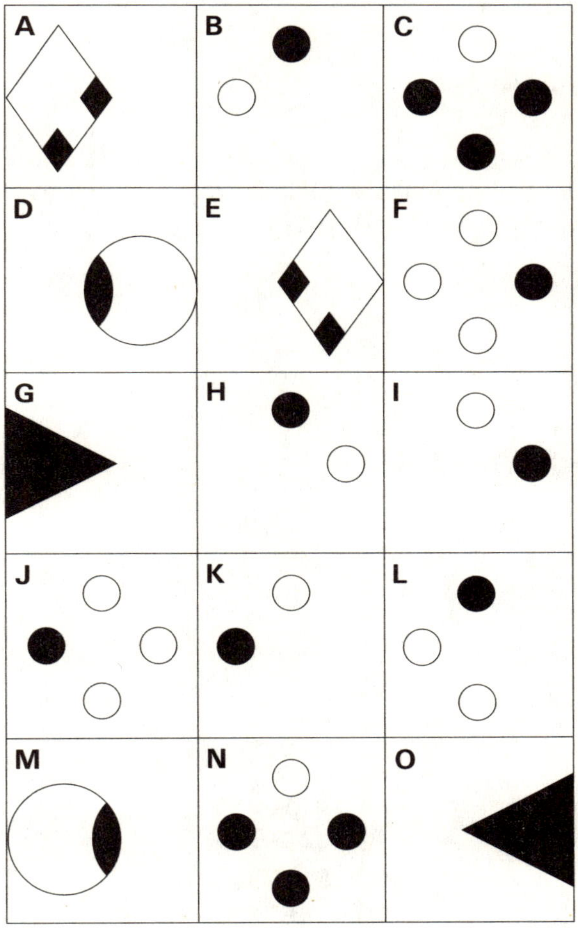

2. Welches der Worte in Klammern bedeutet das Gegenteil des Worts in Großbuchstaben?

GESCHICK (Notwendigkeit, Überschuß, Unbeholfenheit, Gewandtheit, Überwindung)

3.

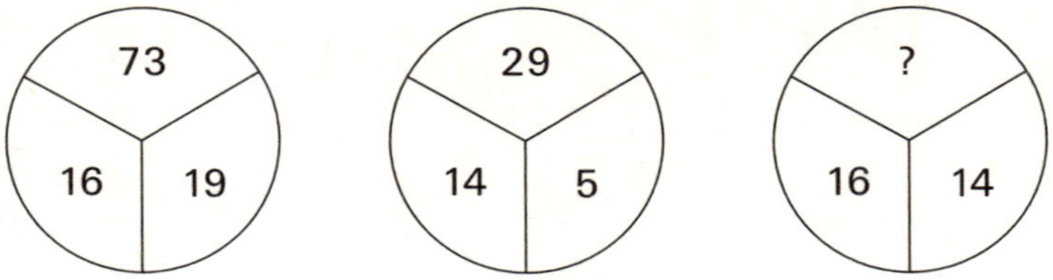

Was muß anstelle des Fragezeichens stehen?

A 54 **B** 56 **C** 58 **D** 60 **E** 62

4. Welcher Begriff verbirgt sich hier? ANNA KLEIB

5. **A B C D E F G H**

Welcher Buchstabe steht zwei Buchstaben links von dem, der direkt rechts neben dem steht, der drei Stellen links vom Buchstaben F steht?

6.

Welche Figur setzt die Sequenz fort?

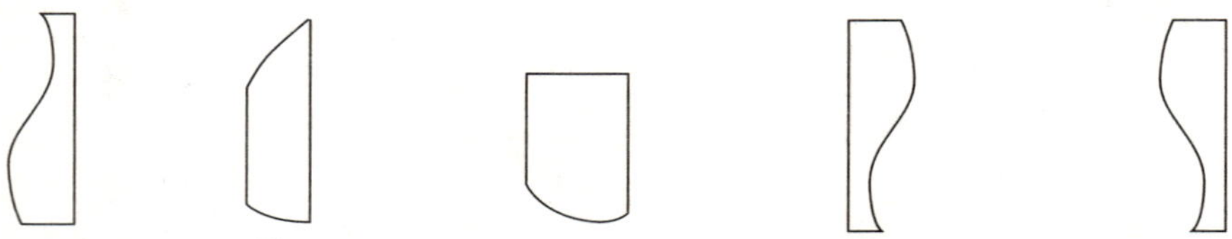

A B C D E

7. 7653294 verhält sich zu 3497526 wie 6391854 zu

A 4156983
B 1459638
C 5146983
D 1456893
E 1456983

8. Welches der folgenden Worte ist kein Anagramm eines Berufs?

A ELKERNL
B ERICH DENS
C HELDINP
D KROLTE
E NATLAW

9. Setzen Sie das Wort in Klammern, das beide äußeren Worte ersetzen kann.

Gemeinschaft (. . . . .) Auszeichnung

10.

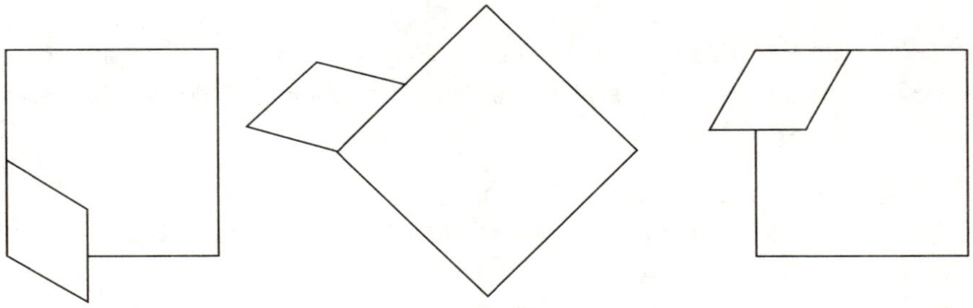

Welche Figur setzt die Sequenz fort?

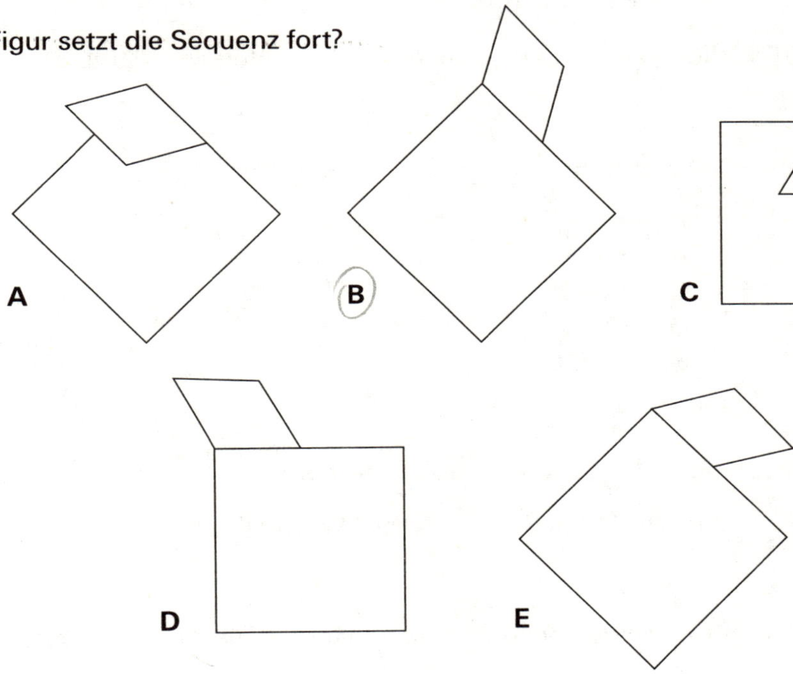

11. Was ergibt $\frac{2}{9} \div \frac{2}{7}$?

A $\frac{4}{9}$ B $\frac{7}{15}$ C $\frac{7}{9}$ D $\frac{5}{7}$ E $\frac{8}{9}$

12. Vervollständigen Sie die Worte und lesen Sie im Uhrzeigersinn. Die Worte sind Synonyme.

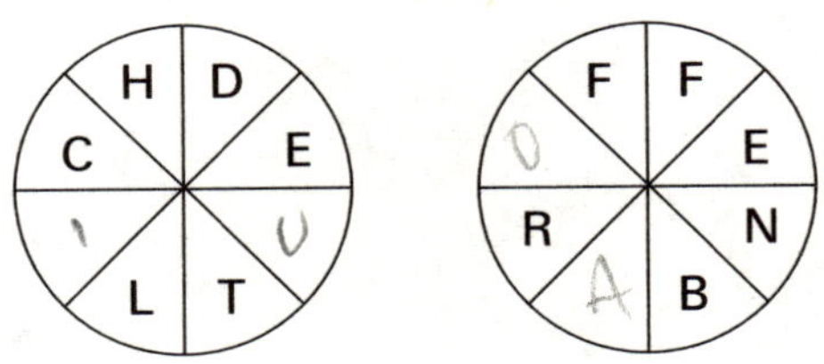

13. Welcher Begriff gehört nicht dazu?

Calypso, Symphonie, Shanty, Madrigal, Arie

14. Von 100 befragten Personen gaben 84 an, zum Frühstück ein Ei gegessen zu haben, 79 aßen Schinken, 67 Toast und 87 tranken Kaffee. Mindestens wie viele der Personen nahmen alle vier Lebensmittel zu sich?

A 15 **B** 17 **C** 18 **D** 19 **E** 20

15. Welches Wort in Klammern kommt der Bedeutung des Worts in Großbuchstaben am nächsten?

MEIDEN (flüchten, aufgeben, zustimmen, empfehlen, erläutern)

16. Wie nennt man eine Gruppe Wölfe?

A MENGE
B RUDEL
C HERDE
D RASSE
E BRACHE

17. Setzen Sie ein Wort ein, das beide äußeren ersetzen kann.

FRANKIEREN (. . . . .) URLAUB NEHMEN

18. Welches Wort kann sinnvoll sowohl an das erste angehängt als auch vor das zweite eingefügt werden?

GARDE (. . . . .) ARBEIT

19. Setzen Sie drei Buchstabenpaare so zusammen, daß sich „eine Form von Geld" ergibt.

UM BA WA UR MP RT

20. SYMBOLE

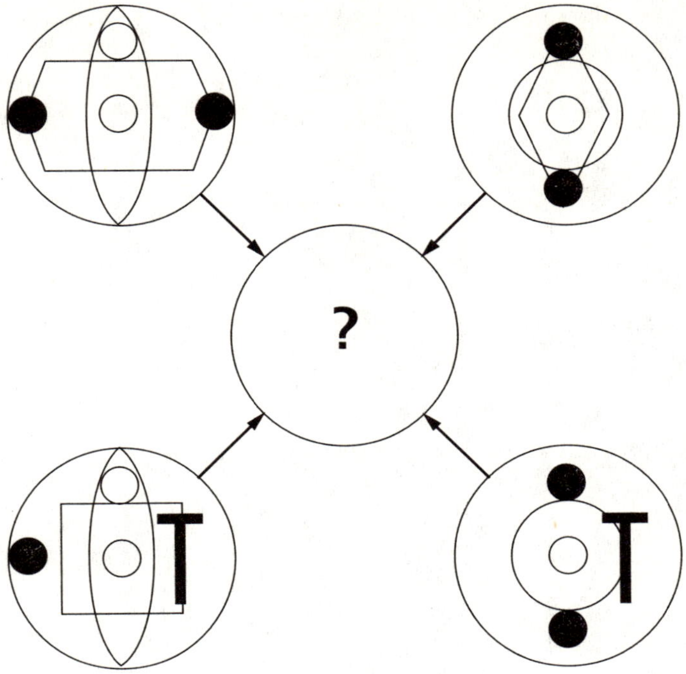

Die Linien und Figuren in den vier äußeren Kreisen werden gemäß den folgenden Regeln in den mittleren Kreis übertragen bzw. nicht übertragen:
Erscheint eine Linie oder eine Figur in den äußeren Kreisen

einmal:	wird sie übertragen
zweimal:	wird sie vielleicht übertragen
dreimal:	wird sie übertragen
viermal:	wird sie nicht übertragen

Welcher der unten zu sehenden Kreise gehört in die Mitte des obigen Schaubilds?

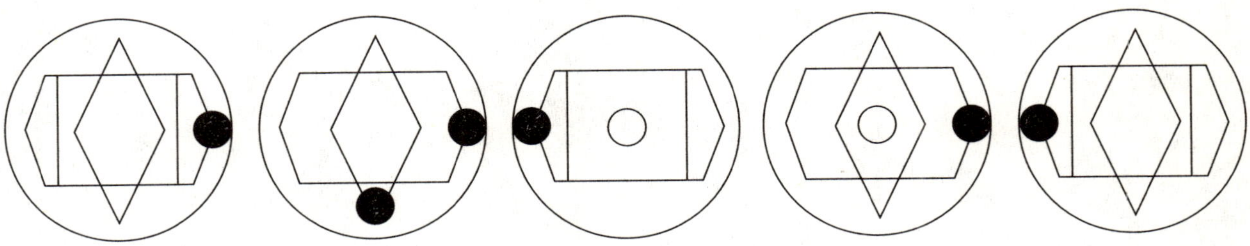

A **B** **C** **D** **E**

21. Welche Ziffer muß anstelle des Fragezeichens stehen?

17, 5, $14\frac{1}{2}$, $8\frac{1}{2}$, 12, 12, ?

22. Welche Ziffer muß anstelle des Fragezeichens stehen?

522	9	52
291	16	21
861	?	24

23. Welcher Begriff versteckt sich hier?

REIBAKI

24. Finden Sie die beiden Antonyme. Lesen Sie im Uhrzeigersinn.

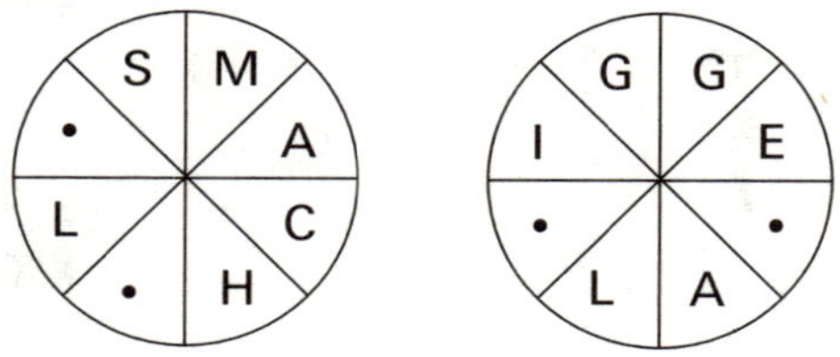

25. VERGLEICH

WENN 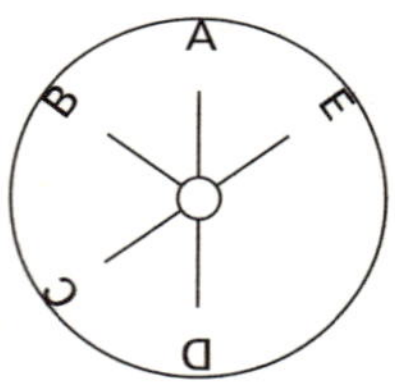 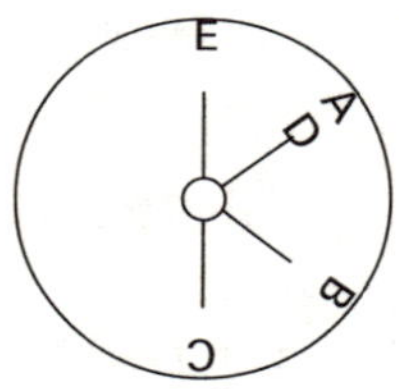 ZU 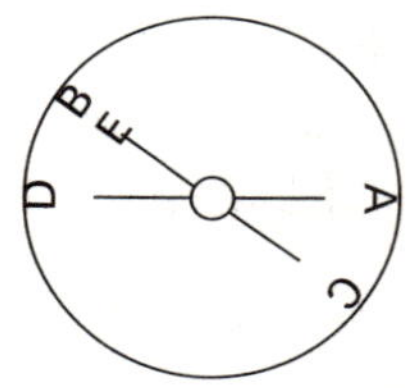 WERDEN,

WERDEN 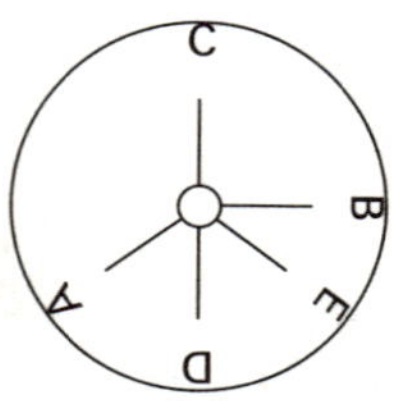 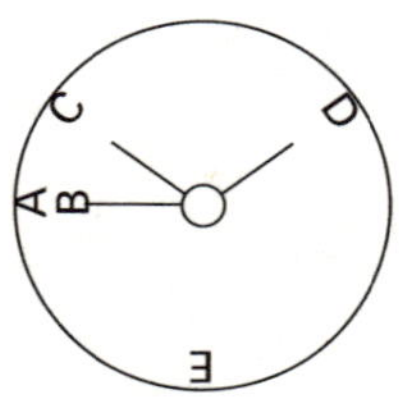 ZU

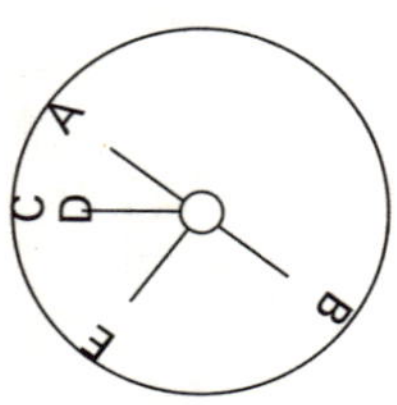
A

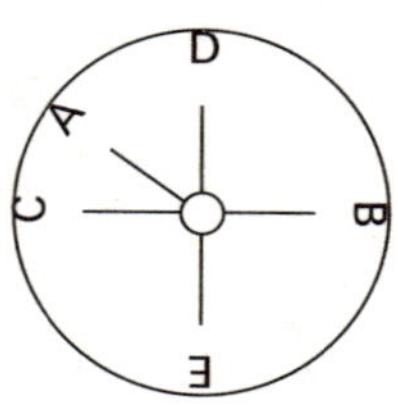
B

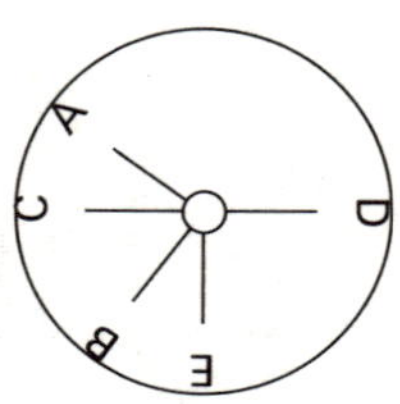
C

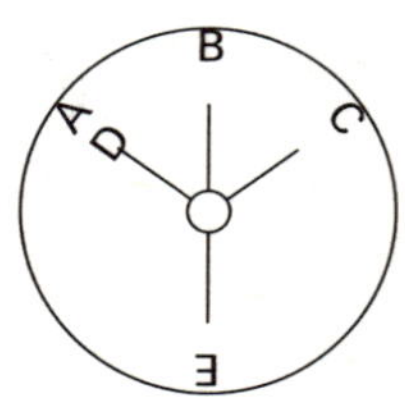
D

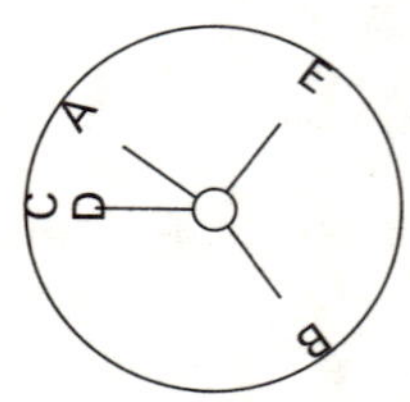
E

26. Wie viele kleine Quader passen in den großen?

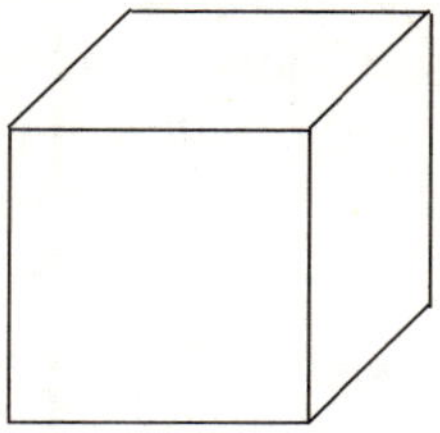

880 mm x 460 mm x 300 mm

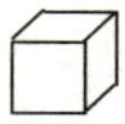

220 mm x 115 mm x 75 mm

27. Welche Ziffer ersetzt das Fragezeichen?

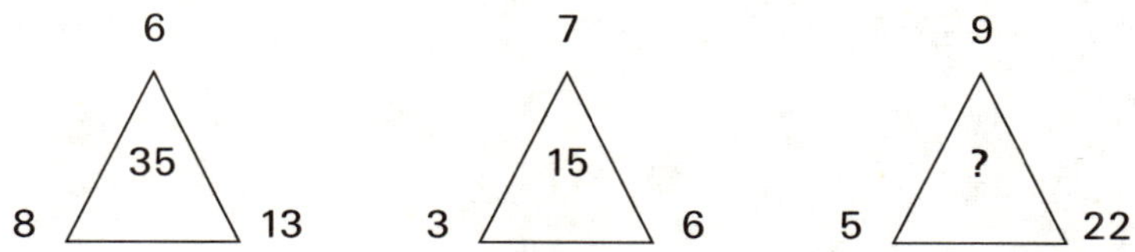

28. Welche Ziffer ersetzt das Fragezeichen?

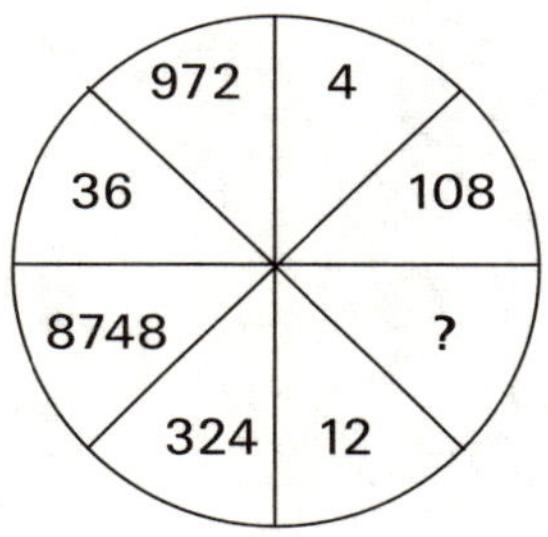

29. Welches Wort kann sinnvoll vor jedes der anderen Worte eingesetzt werden?

(. . . . . . .)

STÜCK
WERK
KLASSE
BRIEF
SÄNGER

30. GITTERNETZ

In jedem der neun Felder, die mit 1A bis 3C bezeichnet sind, müssen alle Linien und Figuren enthalten sein, die in den Quadraten mit der jeweiligen Ziffer bzw. dem jeweiligen Buchstaben zu sehen sind. Das Feld 2B muß z.B. alle Linien und Symbole der Felder 2 und B enthalten.
Eins der Felder erfüllt die Forderungen nicht. Welches?

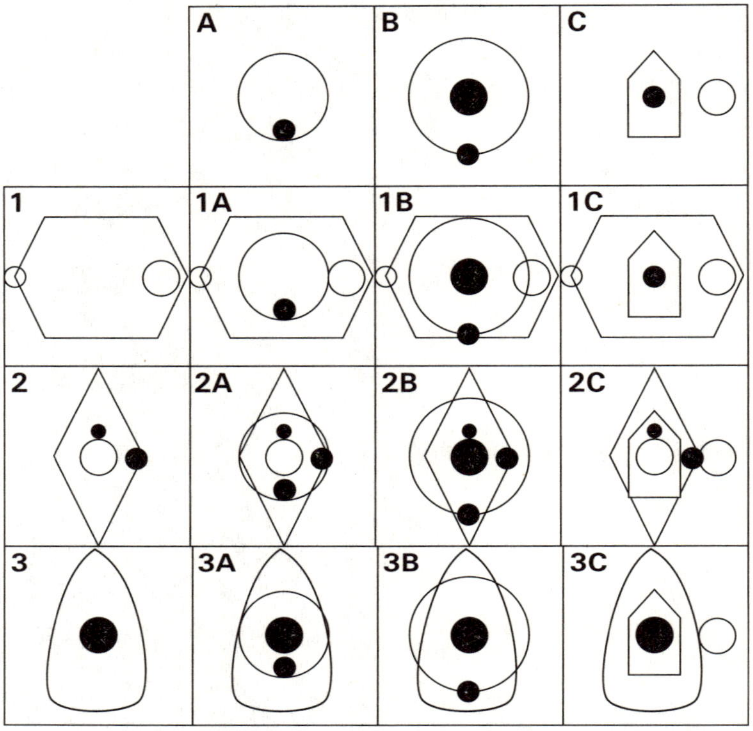

TEST 1

Lösungen

1. **L** Von jedem anderen Feld ist auch das Spiegelbild vorhanden.
2. Unbeholfenheit
3. **C** 58 73 - 16 ÷ 3 = 19
   58 - 16 ÷ 3 = 14
4. KANNIBALE
5. **B**
6. **A** Die linken Hälften der ersten vier Figuren werden in derselben Reihenfolge wiederholt.
7. **E** 1456983 ABCDEFG DGFACEB
   6391854 1456983
8. **C** HELINDP = Delphin.
   Die Berufe sind: Kellner (ELKERNL), Schneider (ERICH DENS), Lektor (KROLTE), Anwalt (NATLAW).
9. Orden
10. **B** Das Quadrat dreht sich pro Abbildung um 45° weiter, die Raute liegt abwechselnd innerhalb und außerhalb des Quadrats.
11. **C** $^7/_9$
    $^2/_9 \div {}^2/_7 = {}^2/_9 \times {}^7/_2 = {}^{14}/_{18} = {}^7/_9$
12. DEUTLICH, OFFENBAR
13. Symphonie. Sie ist die Bezeichnung für eine musikalische Form, alle anderen Begriffe bezeichnen Lieder.
14. **B** 17. Zählen Sie alle Prozentangaben zusammen, also 84 + 79 + 67 + 87 = 317. Drei der Lebensmittel wurden also von allen 100 Personen verspeist, bleiben 17 Nennungen für vier Lebensmittel. Die Mindestzahl von Konsumenten beträgt also 17.
15. aufgeben
16. **B** RUDEL
17. FREIMACHEN
18. MASS
19. WAMPUM
20. **A**
21. $9^1/_2$. Es gibt zwei Serien, die aus jeweils jeder zweiten Zahl gebildet werden, also 17, $14^1/_2$, 12, $9^1/_2$ ($-2^1/_2$); und 5, $8^1/_2$, 12, $15^1/_2$ ($+ 3^1/_2$).
22. 4 Kehren Sie die Reihenfolge der Ziffern der außen stehenden Zahlen um und teilen Sie dann die rechte durch die linke Zahl: 861 → 168; 24 → 42; 168 ÷ 42 = 4.
23. AKRIBIE
24. MACHTLOS, GEWALTIG
25. **A**
26. 64
27. 23 (8 x 6) – 13 = 35; (7 x 3)
28. 2916; Die Sequenz beginnt bei der niedrigsten Zahl, 4, die nach jeweils drei Feldern im Uhrzeigersinn mit dem Faktor 3 multipliziert wird, also: 4 – 12 – 36 – 108 – 324 – 972 – 2916 – 8748.
29. MEISTER
30. 2C

TEST 2

Aufgaben

1.

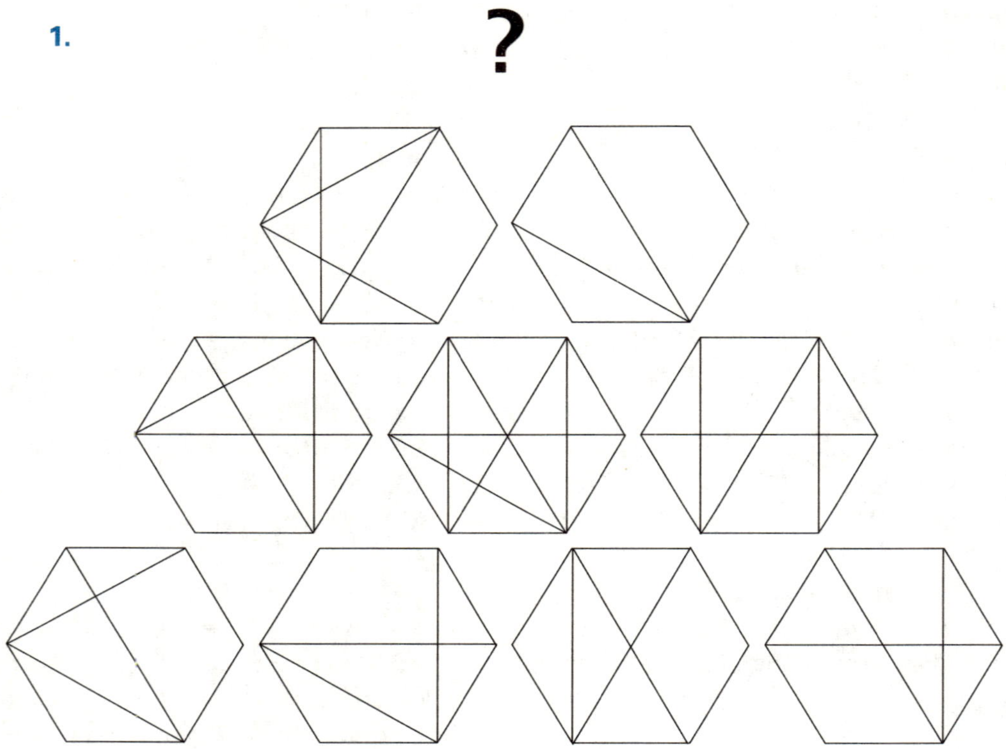

Welches Sechseck gehört auf die Spitze der Pyramide?

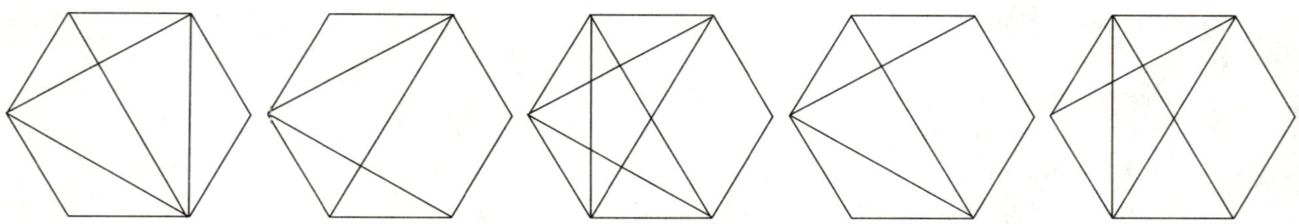

A B C D E

2. UNHEIMLICH : GRUSELIG
Welches Wortpaar drückt dasselbe Verhältnis aus wie das obige?

A launig : esoterisch
B stur : unbeständig
C sonderbar : exzentrisch
D phantasievoll : abweichend
E verrückt : drollig

3. Welche Ziffer muß anstelle des Fragezeichens stehen?

A 3 **B** 4 **C** 5 **D** 6 **E** 7

3	2	2	4
1	6	4	4
2	4	5	2
3	5	2	?

4. Welcher Begriff verbirgt sich hier?

NIXE TEIPO

5. Welches Quadrat muß eingesetzt werden?

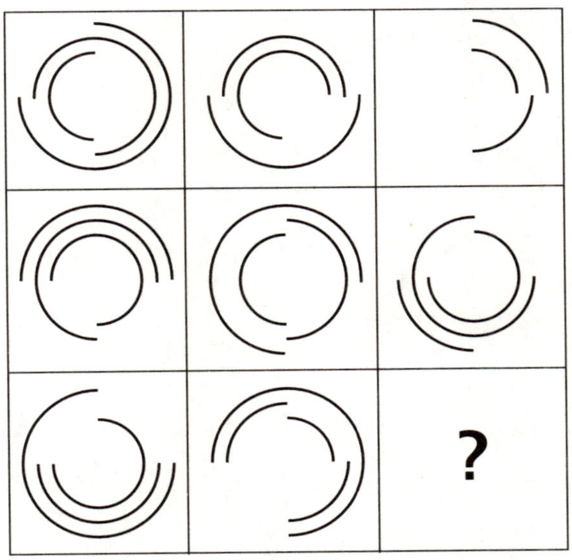

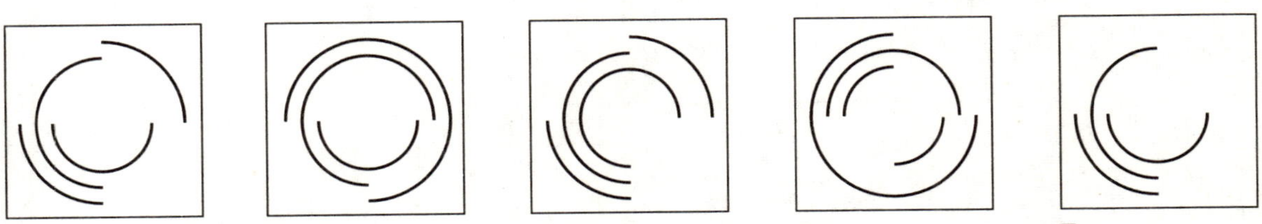

A **B** **C** **D** **E**

6. Hinter welcher Zeile verbirgt sich kein Tanz?

A MUTTENE
B USAMAST
C ROBLEO
D VETGOAT
E VEJI

7. Sowohl der Punkt als auch der Kreis bewegen sich gegen den Uhrzeigersinn. Wenn sich der Punkt mit jedem Schritt um ein Segment, der Kreis um zwei Segmente fortbewegt, nach wie vielen Schritten befinden sich beide dann im selben Segment?

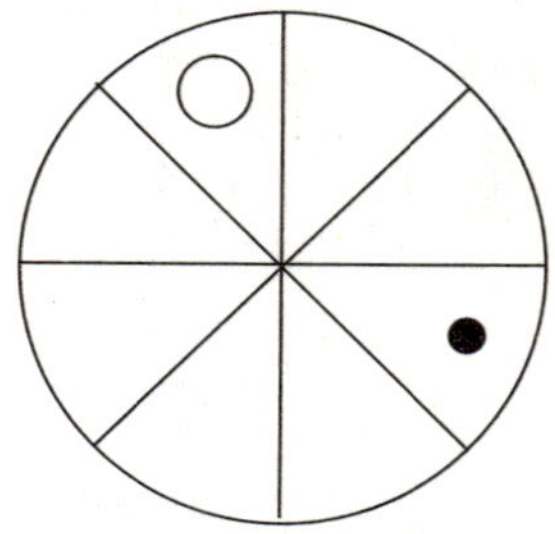

8. Setzen Sie ein Wort in Klammern, das beides bedeutet.

zum Brennen bringen (. . . . .) ermutigen

9. Welches Figurenset paßt nicht dazu?

A
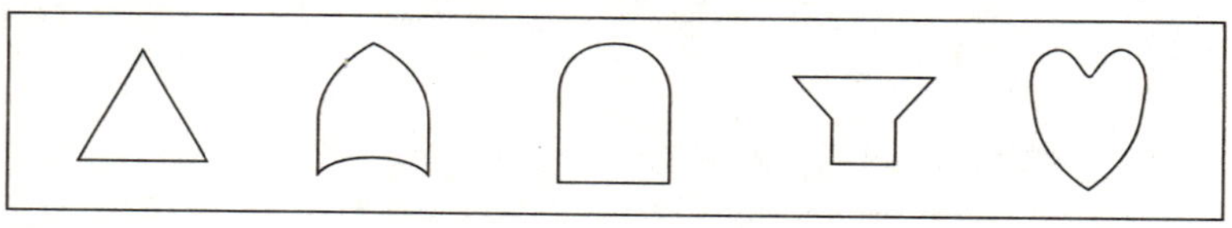

B
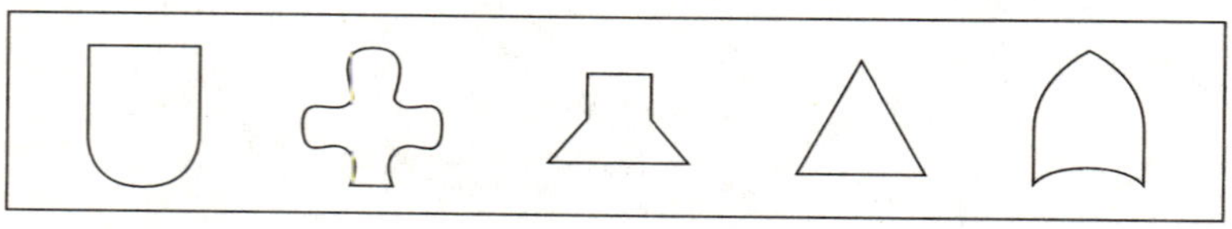

C

D
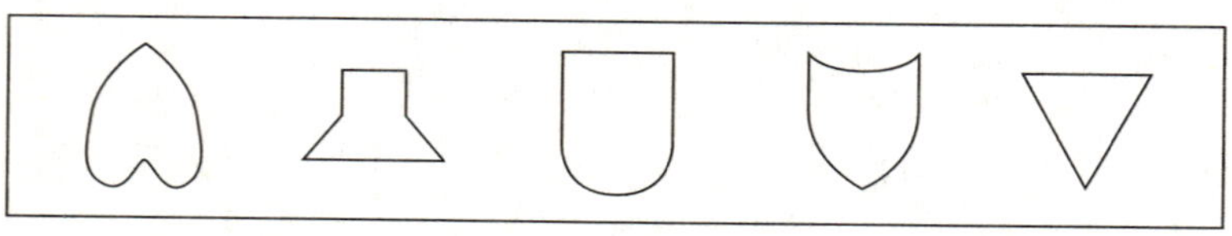

E
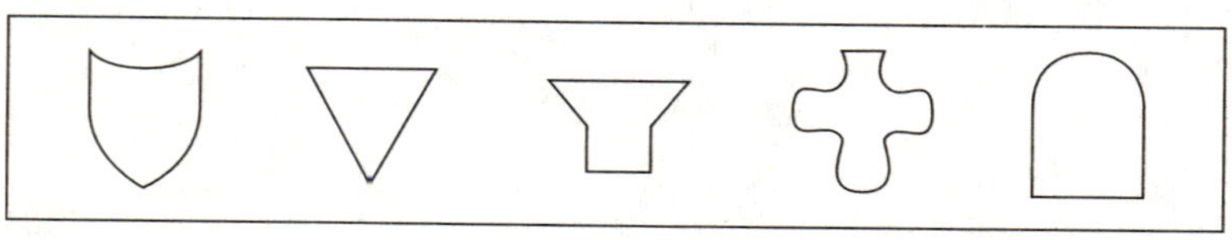

10. Vervollständigen Sie die Wörter. Sie sind Synonyme und müssen im Uhrzeigersinn gelesen werden.

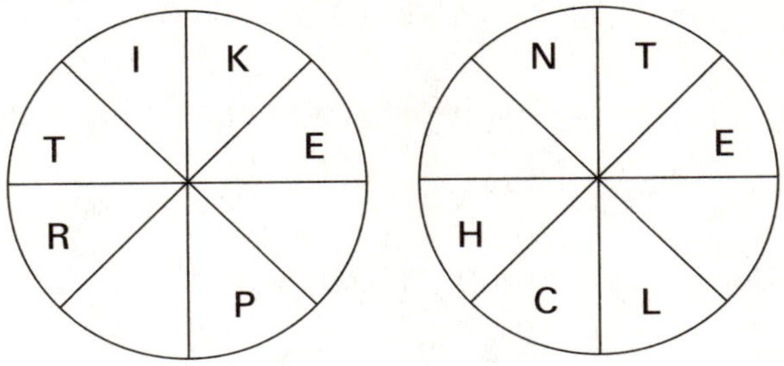

11. 7599 : 2835 : 240
Welches Zahlenset drückt dasselbe Verhältnis aus wie das obige?

A 3599 : 1643 : 110
B 6849 : 1949 : 313
C 9474 : 3129 : 480
D 8478 : 1792 : 126
E 7632 : 1841 : 690

12. Welcher Begriff paßt nicht dazu?

Stuhl, Sofa, Vitrine, Bank, Sessel.

13.

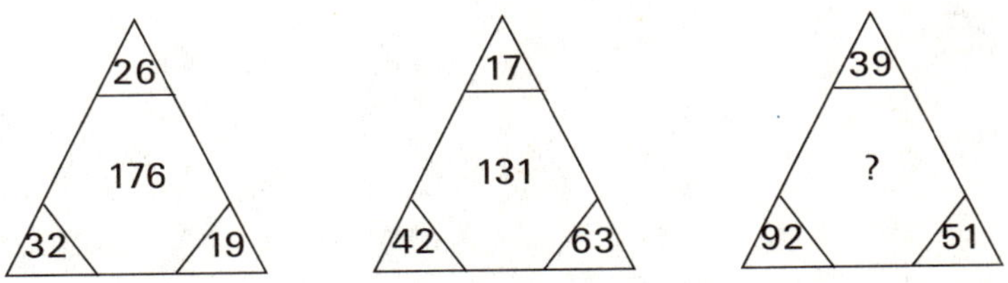

Welche Zahl ersetzt das Fragezeichen?

A 117 **B** 127 **C** 137 **D** 147 **E** 157

14. Unterstreichen Sie die beiden Worte mit den nächstliegenden Bedeutungen.

komplex, logisch, gesprächig, rational, wissenschaftlich

15. Unterstreichen Sie die beiden Antonyme.

apathisch, lakonisch, tränenreich, schwer, geschwätzig, leblos

16. Was muß anstelle des Fragezeichens stehen?

4; –11; 30,25; ?

17. Welches Wort bedeutet dasselbe wie die beiden Worte vor und hinter der Klammer?

RÜSTUNG (. . . . .) WUT

18. Bilden Sie aus drei der Buchstabenpaare eine „hochgestellte Persönlichkeit".

AN RZ SC OG KA HE

19. Wie nennt man eine Gruppe Jagdhunde auf Hetzjagd?

A KLAUSE
B MESSE
C MENGE
D MEUTE
E MANNSCHAFT

20. VERGLEICH

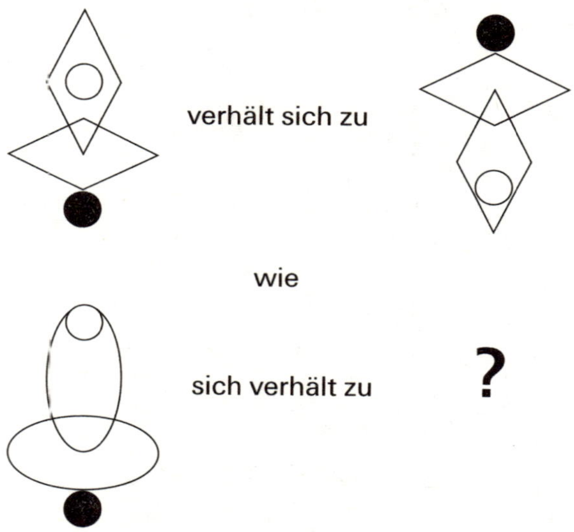

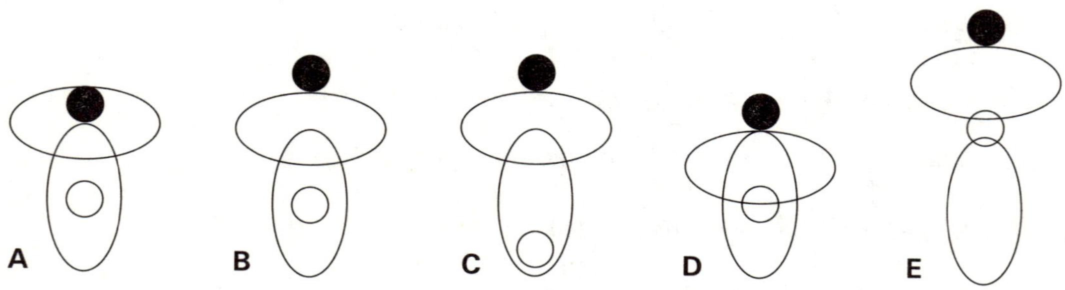

21. Welche Zahl muß anstelle des Fragezeichens stehen?

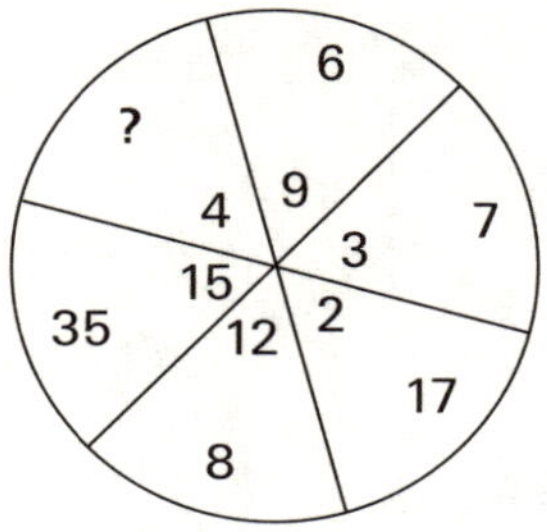

22. Welche Zahl muß anstelle des Fragezeichens stehen?

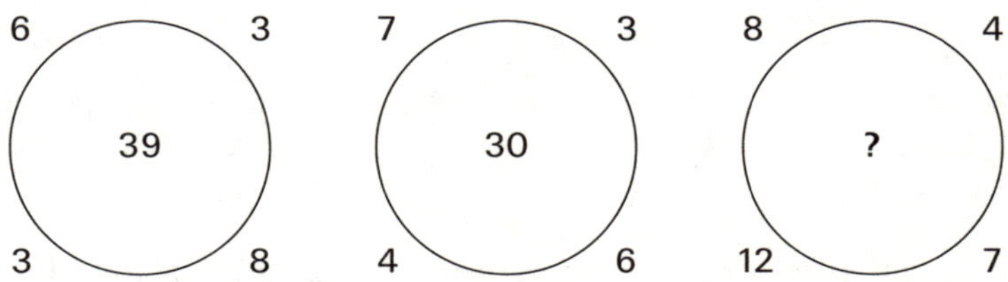

23. Welches Wort muß in Klammern stehen, damit zwei neue Begriffe gebildet werden?

DOPPEL (. . . .) WORT

24. Welcher Begriff verbirgt sich hier?

ARTUR KAKI

25. SECHSECKE

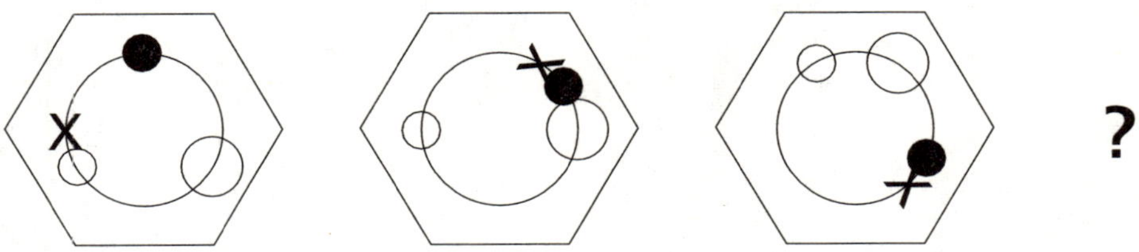

Welches Sechseck setzt die Reihe fort?

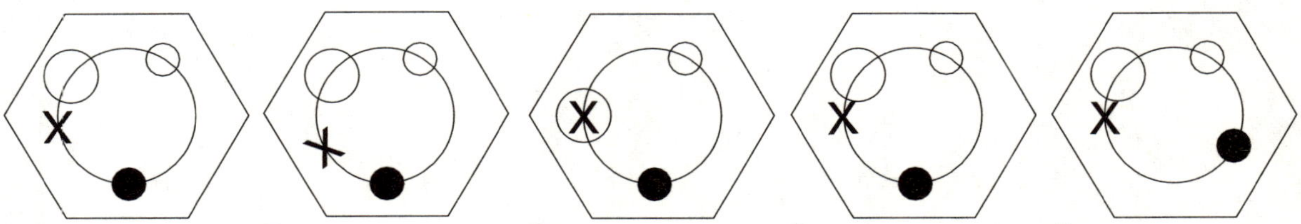

A **B** **C** **D** **E**

26. Welcher Ziffer muß anstelle des Fragezeichens stehen?

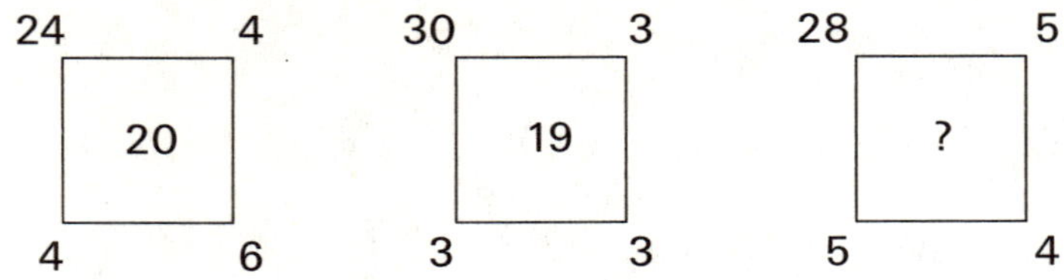

27. Welche Ziffer ersetzt das Fragezeichen?

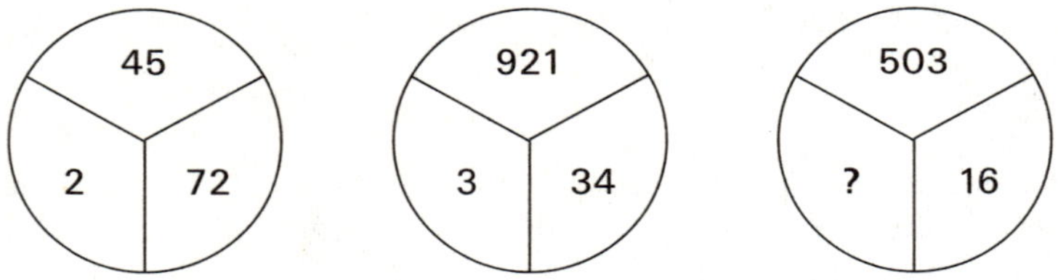

28. Vervollständigen Sie die Begriffe. Sie sind synonym und im Uhrzeigersinn zu lesen.

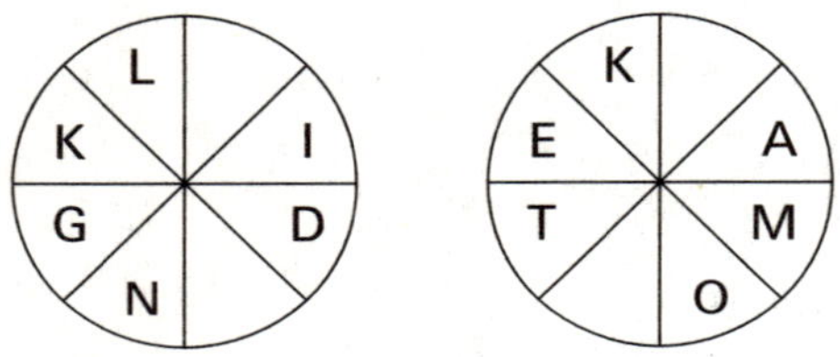

29. Bilden Sie ein Wort mit sechs Buchstaben, verwenden Sie dabei aber nur die vier unten angegebenen Buchstaben.

RO
EP

30. SYMBOLE

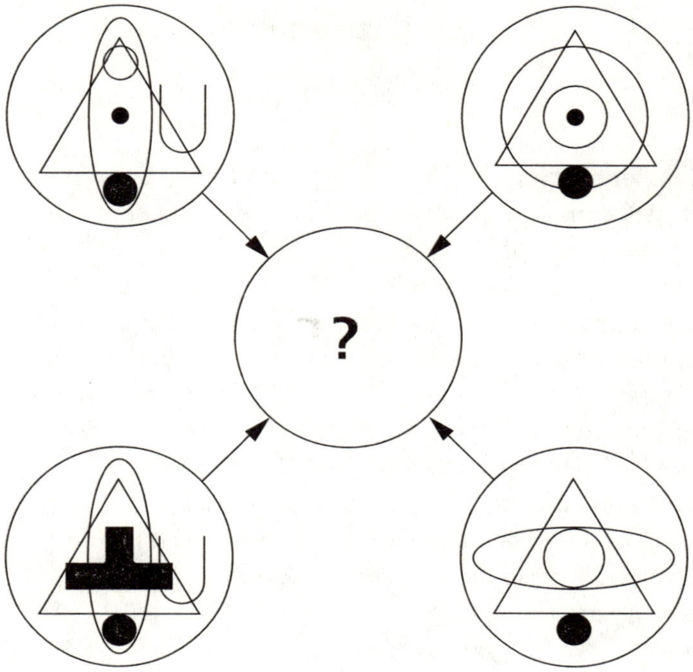

Jede Linie und jede Figur wird unter bestimmten Umständen in den Mittelkreis übertragen:

Erscheint eine Linie oder eine Figur in den äußeren Kreisen

einmal:	wird sie übertragen
zweimal:	wird sie vielleicht übertragen
dreimal:	wird sie übertragen
viermal:	wird sie nicht übertragen

Welcher der unten abgebildeten Kreise A, B, C, D, E entspricht dem Mittelkreis?

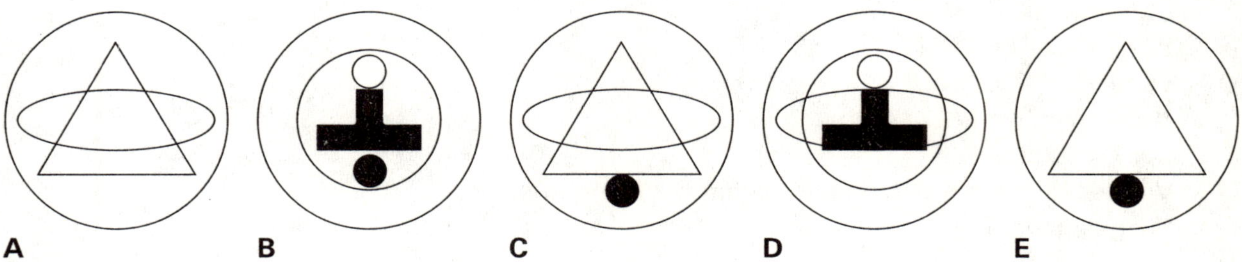

TEST 2

Lösungen

1. **E** Der Inhalt jedes Sechsecks wird durch die beiden direkt darunterliegenden Sechsecke determiniert. Enthalten beide Sechsecke dieselbe Linie, so wird diese nicht in das darüberliegende Sechseck übertragen. Linien, die nur einmal auftauchen, werden hingegen übertragen.
2. **C** sonderbar : exzentrisch
3. **E** 7 Teilt man jede Reihe und jede Spalte in ein linkes bzw. oberes und ein rechtes bzw. Zahlenpaar ein und addiert diese Paare, so liegen die Ergebnisse der rechten bzw. unteren Zahlenpaare immer um 1 höher als die linken bzw. oberen.
4. EXPEDITION
5. **A** Die Striche, die zwei aneinander liegenden Feldern gemein sind, werden nicht in das dritte Feld übertragen. Dies gilt sowohl in vertikaler als auch in horizontaler Richtung.
6. USAMAST = Satsuma. Die Tänze sind: Menuett (MUTTENE), Bolero (ROBLEO), Gavotte (VETGOAT), Jive (VEJI).
7. **5**
8. anfeuern
9. **C** A enthält dieselben Symbole wie D, allerdings spiegel- und seitenverkehrt. Dasselbe gilt für B und E.
10. PARTIKEL, TEILCHEN
11. **D** 8478 : 1792 : 126
    8 x 4 x 7 x 8 = 1792;
    1 x 7 x 9 x 2 = 126
12. Vitrine. Alle anderen Worte bezeichnen Sitzgelegenheiten.
13. **C** 137 Kehren Sie die Ziffern in den Ecken um und addieren Sie, also z. B. 93 + 29 + 15 = 137.
14. logisch, rational
15. lakonisch, geschwätzig
16. –83,1875. Die Reihe ergibt sich von links nach rechts durch Multiplikation mit dem Faktor –2,75.
17. HARNISCH
18. HERZOG
19. **D** MEUTE
20. **B**
21. 34; (6 x 12) = (8 x 9); (7 x 15) = 3 x 35); (17 x 4) = (2 x 34).
22. 8; (6 x 8) - (3 x 3) = 39; (7 x 6) - (3 x 4) = 30; (8 x 7) - (4 x 12) = 8.
23. PASS
24. KARIKATUR
25. **A**
26. 32; (24 ÷ 6) + (4 x 4) = 20; (30 ÷ 3) + (3 x 3) = 19; (28 ÷ 4) + (5 x 5) = 32.
27. 5: Drehen Sie die Ziffernfolgen der einzelnen Zahlen um und dividieren Sie: 54 ÷ 27 = 2; 129 ÷ 43 = 3; 305 ÷ 61 = 5.
28. KLEIDUNG; KLAMOTTE
29. PORREE
30. **D**

TEST 3

Aufgaben

1. Vervollständigen Sie die Worte. Sie sind Synonyme und im Uhrzeigersinn zu lesen.

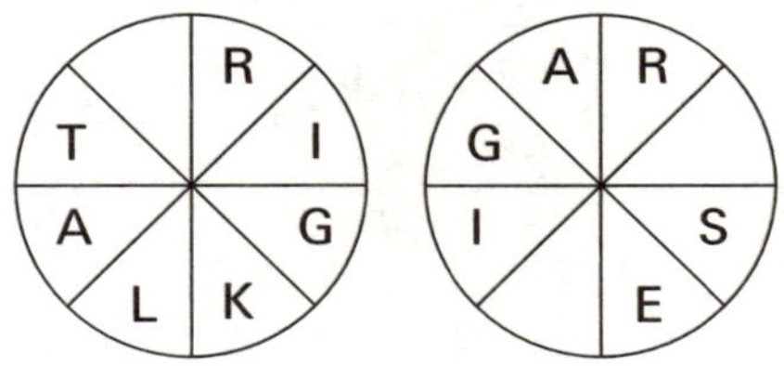

2.

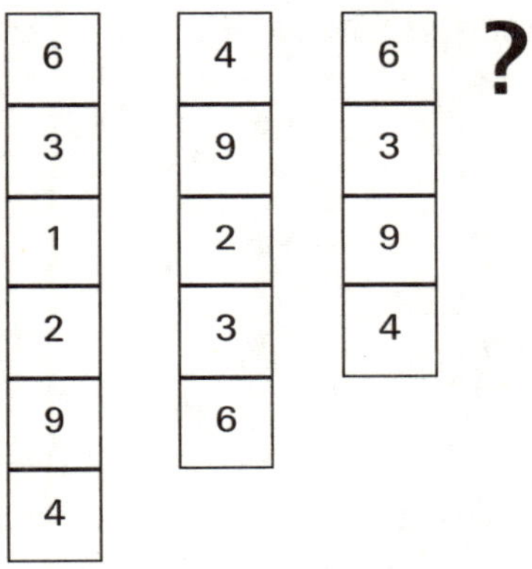

Welche Kolonne muß folgen?

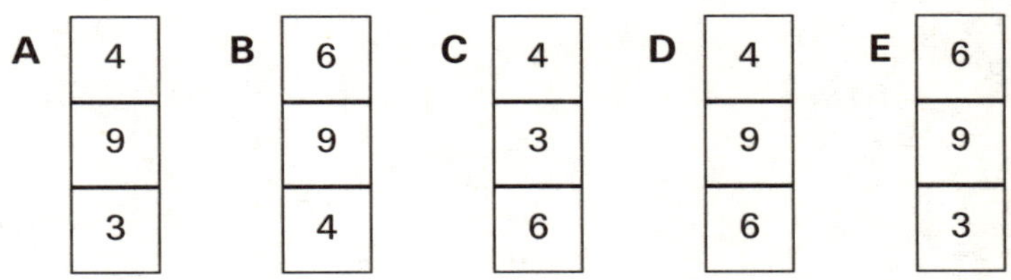

3.

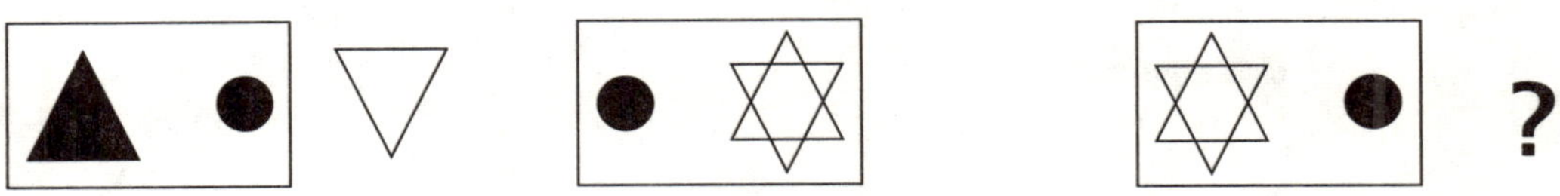

Welche Figur folgt?

A

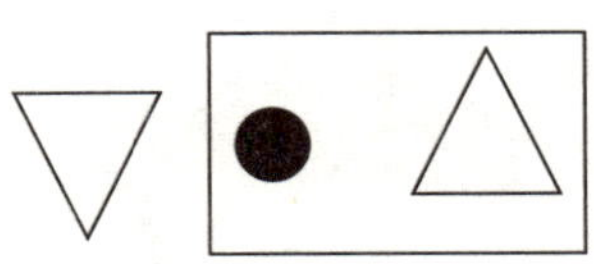

B

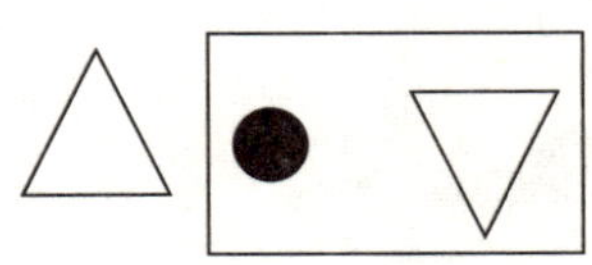

C

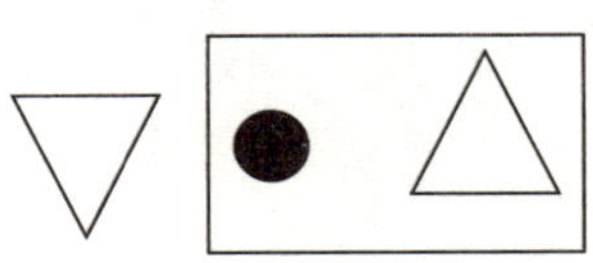

D

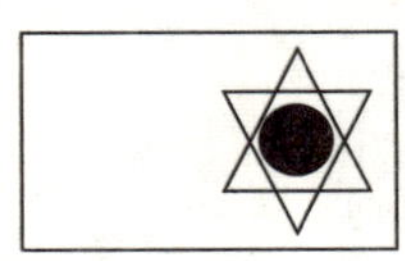

E

4. BEANALLAN ist ein Anagramm welches weiblichen Vornamens?

5. 0, 0, 1, 3, 3, 4, 6, ?

Welche Ziffer folgt?

6. Welcher Tiername muß eingesetzt werden, um die anderen Worte zu vervollständigen?

DAN (_)
KOM (_)
BIE (_)
TIP (_)
KOR (_)
KAN (_)

7. Setzen Sie das Wort in Klammern, das den beiden Beschreibungen entspricht.

LAUTSPRECHER (. . . . .) FAUSTKÄMPFEN

8.

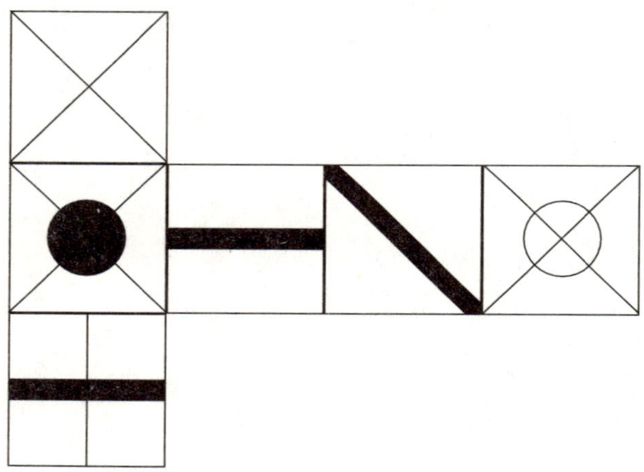

Faltet man dieses Gebilde zu einem Würfel zusammen, kann nur einer der unten abgebildeten entstehen. Welcher?

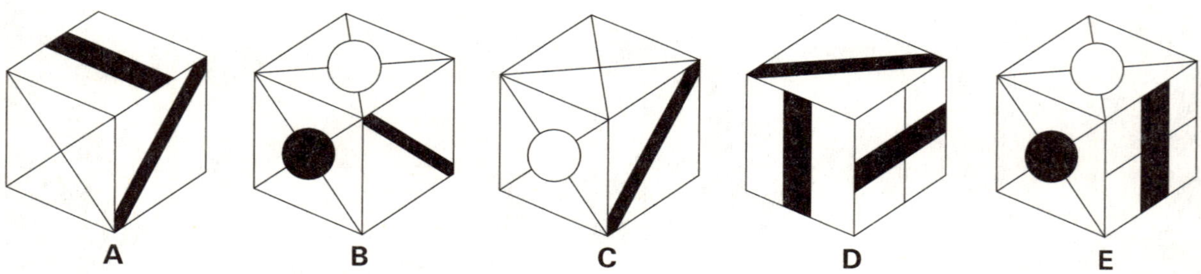

9. Finden Sie die beiden Worte, deren Bedeutungen sich am nächsten kommen.

Plebiszit, Resümee, Referendum, Empfehlung, Entscheidung, System

10. Ein Zug fährt mit einer Geschwindigkeit von 120 km/h in einen Tunnel von 3 km Länge. Der Zug selbst ist 500 m lang. Wieviel Zeit vergeht von dem Moment an, in dem die Front des Zugs den Tunnel erreicht bis zu dem Moment, in dem ihn das Heck verläßt?

A 1 min 30 s **B** 1 min 45 s **C** 2 min 10 s
D 2 min 15 s **E** 2 min 30 s

11. Finden Sie die beiden Worte mit gegenteiliger Bedeutung.

begeistert, hoffnungsvoll, einzigartig, duftend, traurig, unwillig

12.

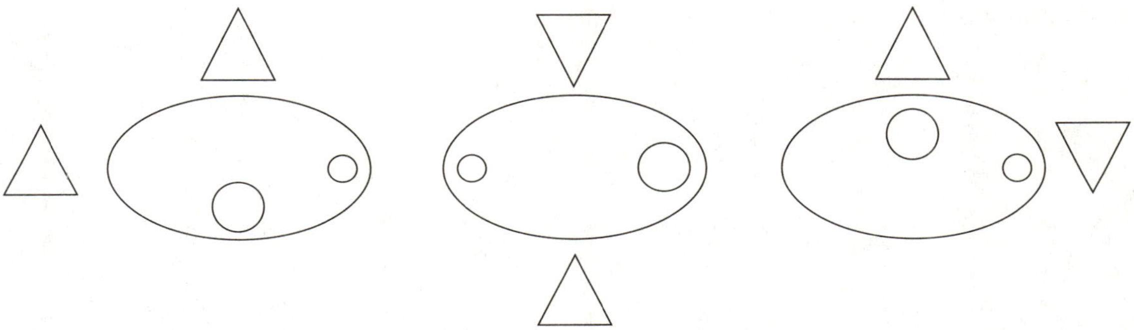

Wie muß die Sequenz fortgesetzt werden?

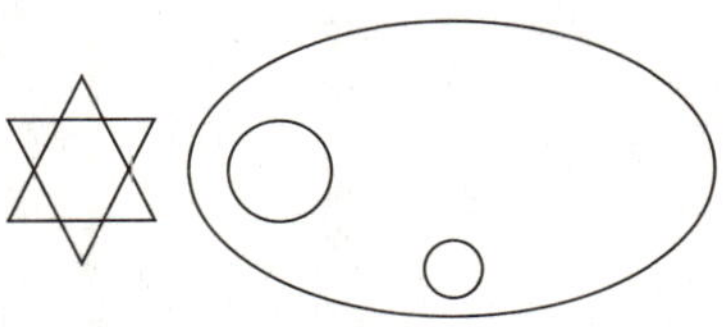

A

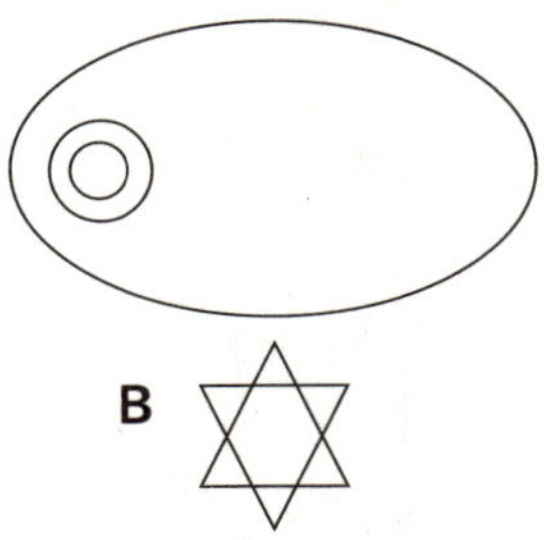

B

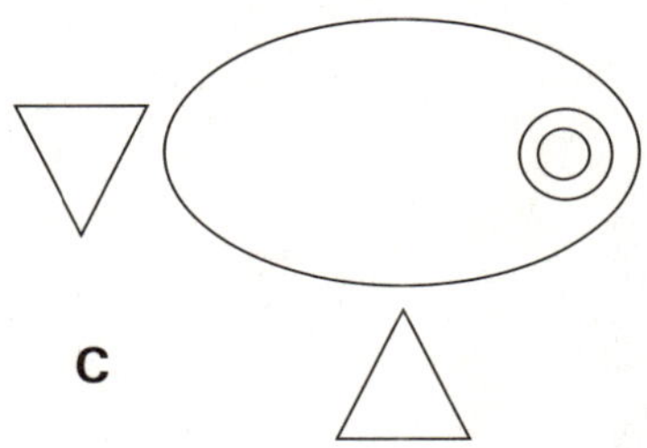

C

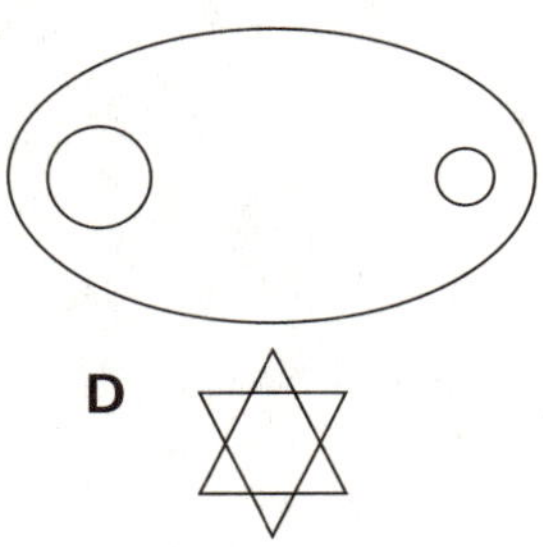

D

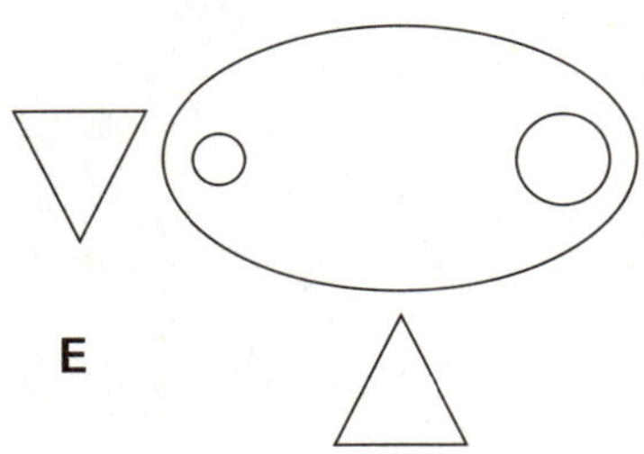

E

13. Welche der folgenden Zeilen ist kein Anagramm eines Getränks?

A RAMITIN
B TESK
C DARREL
D ECHORIDE
E NORDEP

14. 5947, 5238, 1484, ?

Welche Ziffer folgt?

A 369 **B** 792 **C** 844 **D** 968 **E** 1042

15. In welches der Quadrate A – E kann ein Punkt so eingesetzt werden, daß er dieselben Bedingungen erfüllt wie in dem Quadrat links?

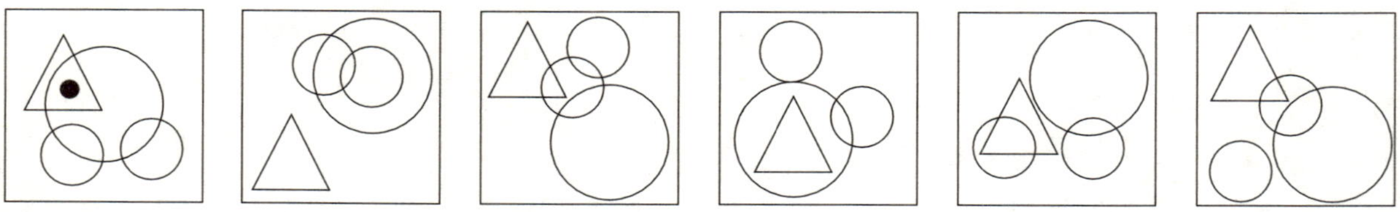

A **B** **C** **D** **E**

16. Welche Ziffer steht anstelle des Fragezeichens?

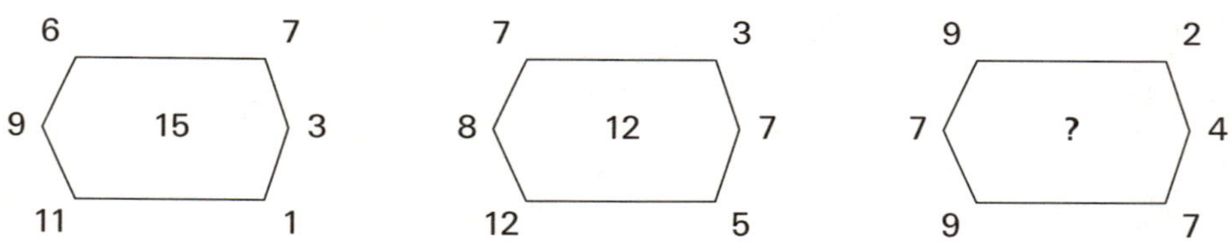

17. Welcher Begriff verbirgt sich hier?

MONITOR ASE

18. Finden Sie ein Wort, das beide Bedeutungen der außerhalb der Klammer stehenden Worte besitzt.

INSEL (. . . . . .) PULLOVER

19. Welches Wort bildet einen neuen Begriff, wenn es an das erste angehängt, aber auch, wenn es vor das zweite gesetzt wird?

SOMMER (. . . . .) MUSIK

20. Welches Element gehört nicht dazu?

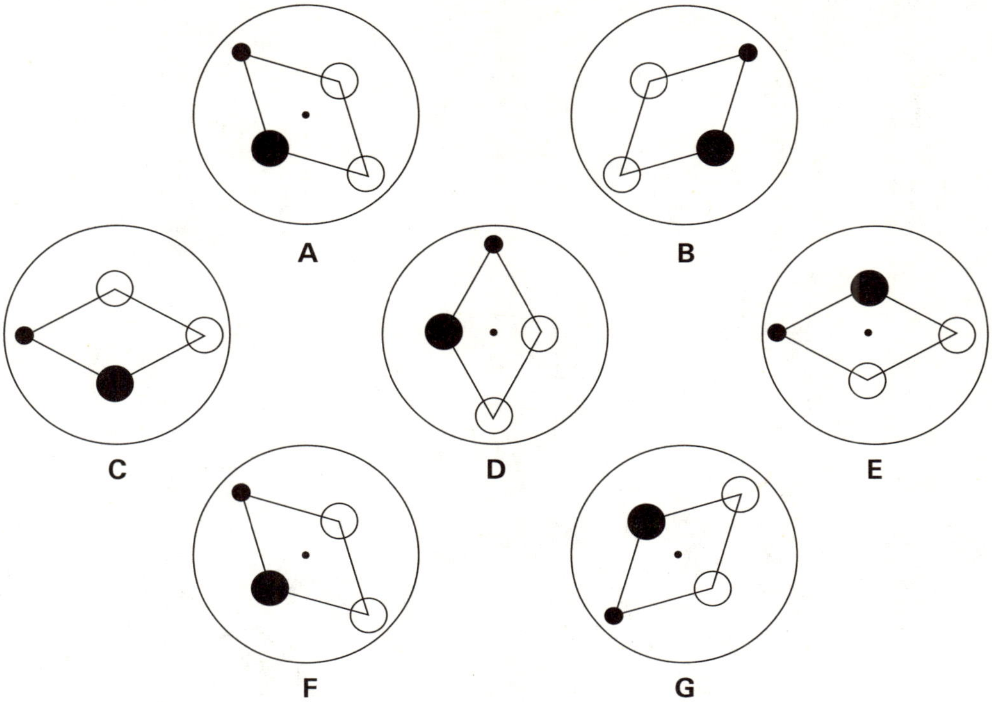

21. Welche Zahl ersetzt das Fragezeichen?

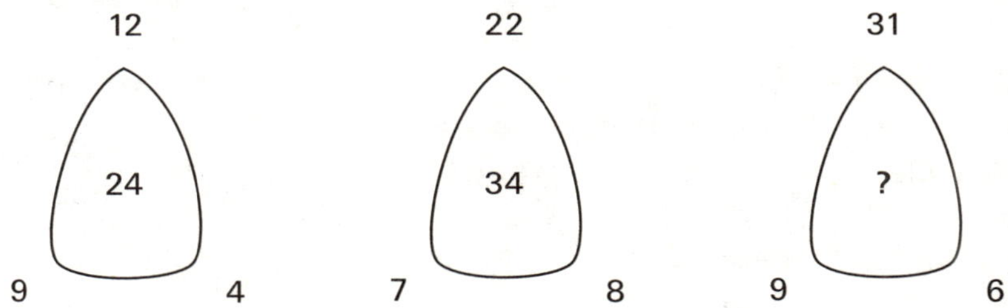

22. Setzen Sie drei Buchstabenpaare so zusammen, daß sich eine „Brotsorte" ergibt.

ÄC WE KN TO IS KE

23. Wie nennt man eine Gruppe Heringe?

A SCHWARM
B HERDE
C MENGE
D SCHOBER
E VOLK

24. Bilden Sie aus den angegebenen vier Buchstaben ein Wort mit sechs Buchstaben.

AS NA

25. FIGUREN

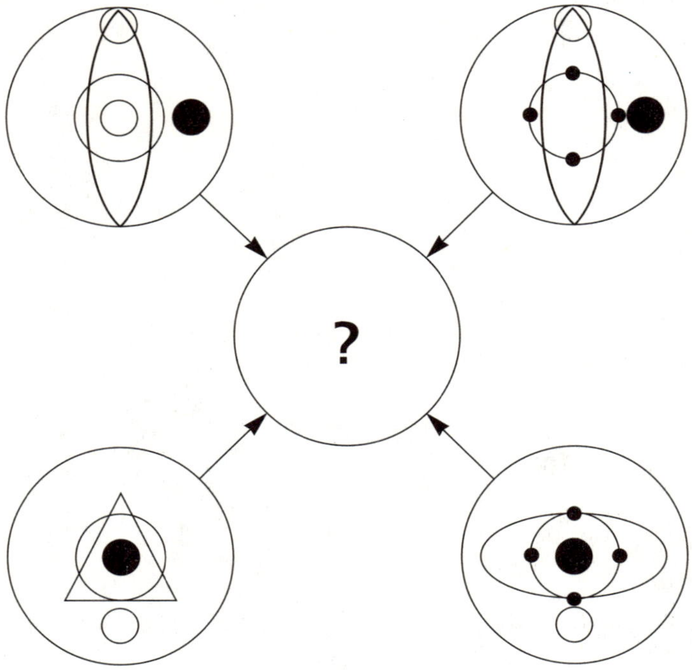

Die Linien und Figuren, die in den äußeren vier Kreisen enthalten sind, werden unter den folgenden Bedingungen in den mittleren Kreis übertragen:
Erscheint eine Linie oder eine Figur in den äußeren Kreisen

einmal:	wird sie übertragen
zweimal:	wird sie vielleicht übertragen
dreimal:	wird sie übertragen
viermal:	wird sie nicht übertragen

Welcher der Kreise A–E gehört in die Mitte?

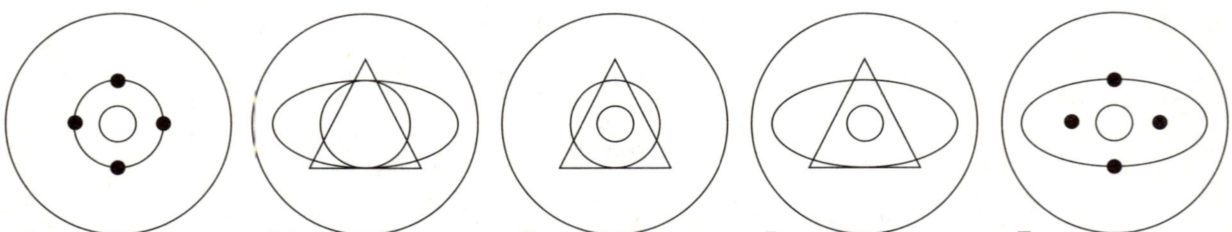

A B C D E

26. Welches Wort kann mit jedem der anderen Worte neue Begriffe bilden?

(. . . . .)

SPUR
UHR
BEIN
HAFT
LICHT

27. Welche Ziffer ersetzt das Fragezeichen?

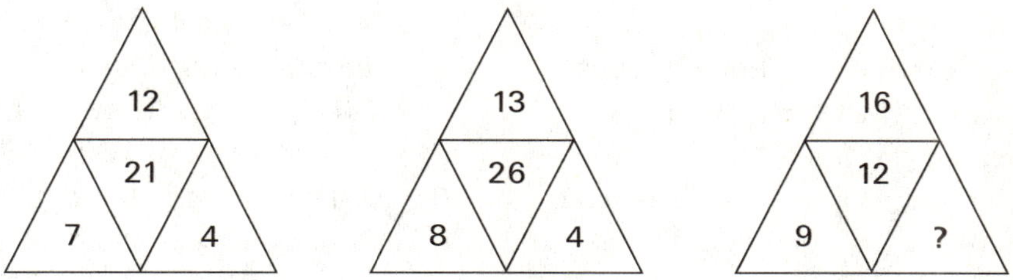

28. Vervollständigen Sie die Worte und lesen Sie im Uhrzeigersinn. Die Worte sind Synonyme.

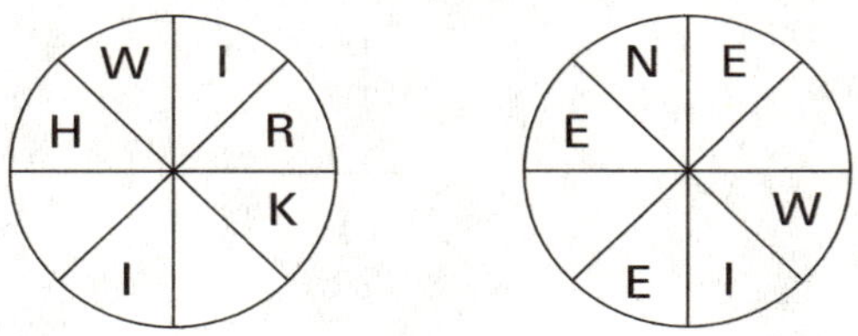

29. Welche Zahl setzt die Sequenz fort?

28, 30, 32, 33, 34, 35, 36, ?

30. Welcher Kreis steht anstelle des Fragezeichens?

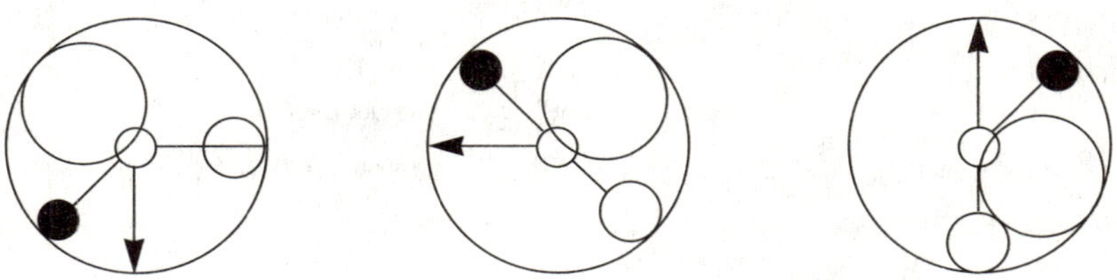

?

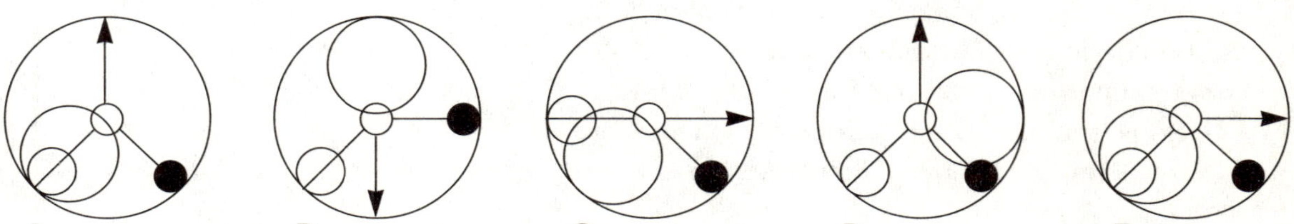

A B C D E

TEST 3

Lösungen

1. KLATERIG, ARMSELIG
2. **D** Kehren Sie die Zahlenfolgen bei jedem Schritt um, und lassen Sie die niedrigste Zahl weg.
3. **D** Der Punkt steht abwechselnd rechts und links in dem Rechteck, ebenso steht das Dreieck mit der Spitze nach oben abwechselnd links und rechts. Das nach unten gerichtete Dreieck bewegt sich dagegen bei jedem Schritt um eine Position nach rechts.
4. ANNABELLA
5. **6** Die Sequenz ergibt sich durch die Additionen +0, +1, +2 und deren Wiederholung.
6. KARIBU
7. BOXEN
8. **D**
9. Plebiszit, Referendum
10. **B** 1 min 45 s. Die Gesamtstrecke des Hecks beträgt ab Zugeintritt 3,5 km. 120 km/h entsprechen 2 km pro min. Für 3 km benötigt der Zug also 1 min 30 s, für $^1/_2$ km 15 s, daraus ergibt sich eine Gesamtfahrzeit von 1 min 45 s.
11. begeistert, unwillig
12. **B** Der kleine Kreis steht abwechselnd rechts und links in der Ellipse, der große Kreis bewegt sich immer um einen Viertelkreis gegen den Uhrzeigersinn. Das nach oben gerichtete Dreieck steht abwechselnd über und unter der Ellipse, das nach unten gerichtete Dreieck bewegt sich in Viertelkreisschritten im Uhrzeigersinn um die Ellipse herum.
13. ECHORIDE = Orchidee. Die Getränke sind: Martini (RAMITIN), Sekt (TESK), Radler (DARREL), Pernod (NORDEP).
14. **B** 792. Die erste und dritte Ziffer sowie die zweite und vierte Ziffer ergeben zwei Zahlenpaare, die dann miteinander multipliziert werden: 1484; 18 x 44 = 792.
15. **C** Der Punkt befindet sich sowohl in dem Dreieck als auch in dem großen Kreis.
16. 12 6 + 9 + 11) – (7 + 3 + 1) = 15; (7 + 8 + 12) – (3 + 7 + 5) = 12; (9 + 7 + 9) –(2 + 4 + 7) = 12.
17. ASTRONOMIE
18. JERSEY
19. NACHT
20. **B**
21. 23 (9 x 4) – 12 = 24; (7 x 8) – 22 = 34; (9 x 6) 31 = 23
22. KNÄCKE
23. **A** SCHWARM
24. ANANAS
25. **D**
26. STAND
27. 12 (7 x 12) ÷ 21 = 4; (13 x 8) ÷ 26 = 4; (16 x 9) ÷ 12 = 12
28. WIRKLICH, ERWIESEN
29. 38 Die Sequenz enthält alle natürlichen Zahlen außer den Primzahlen.
30. **E**

TEST 4

Aufgaben

1. Welche drei Teile lassen sich zu einem Würfel zusammensetzen?

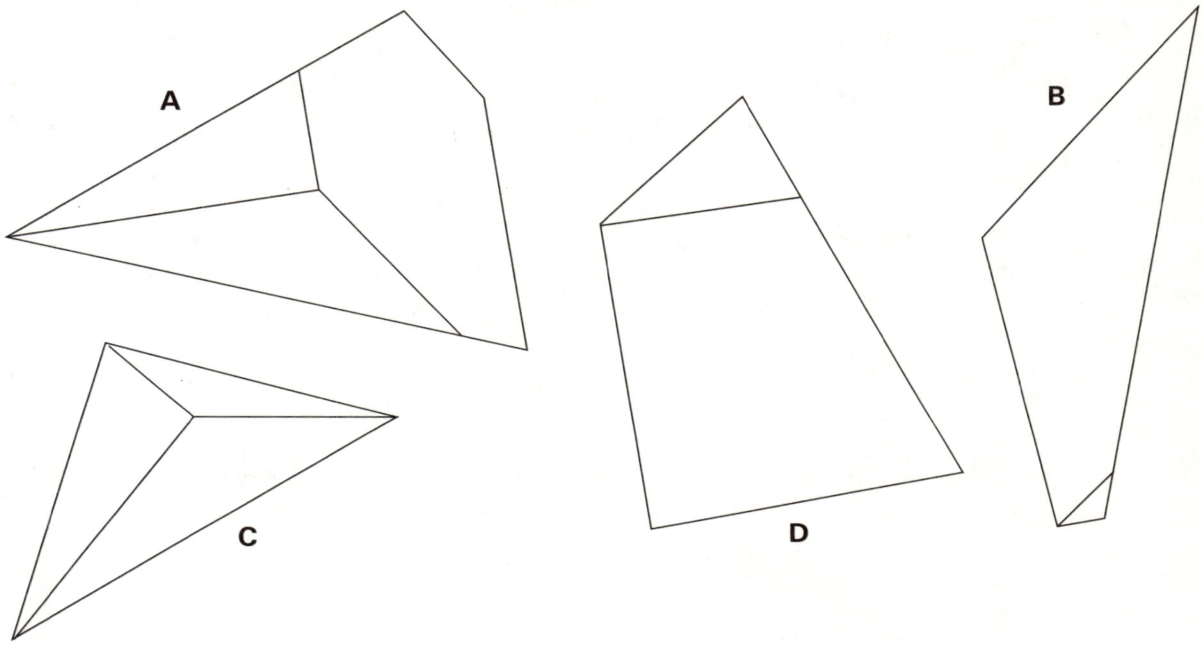

2. 76 (2) 37
68 (4) 43
97 (?) 33

Welche Zahl muß in Klammern stehen?

A 5 **B** 6 **C** 7 **D** 8 **E** 9

3. OASE : SAND

Welches Wortpaar drückt dasselbe Verhältnis aus wie dieses?

A Wüste : Bäume
B Wald : Bäume
C Insel : Wasser
D Everglades : Sumpf
E Kanal : Wasser

4. Welches der Worte in Klammern bedeutet das Gegenteil des Worts in Großbuchstaben?

GEWÖHNLICH (unbekannt, lang, bedeutend, besonnen, reichhaltig)

5. PORTA INEO ist ein Anagramm welches Begriffs?

6.

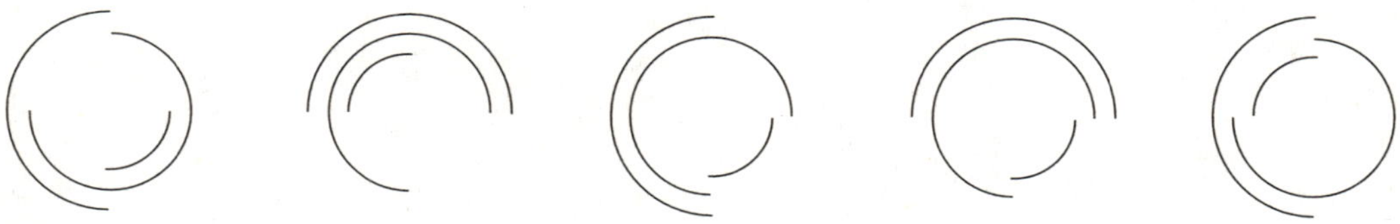

A **B** **C** **D** **E**

7. Vervollständigen Sie die Wörter, und lesen Sie im Uhrzeigersinn. Die Wörter sind Synonyme.

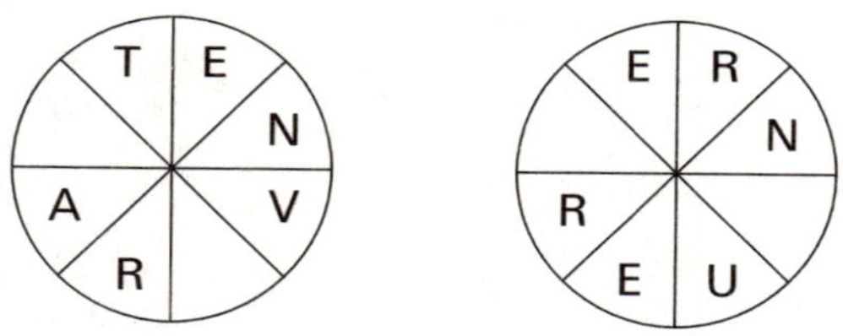

8. Welche Zahl ersetzt das Fragezeichen?

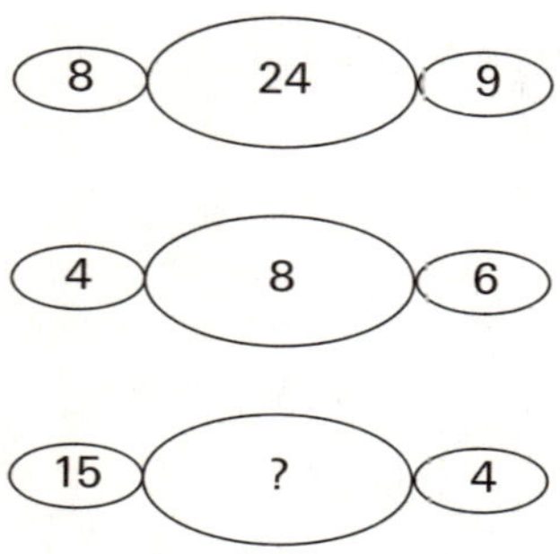

A 38 **B** 30 **C** 25 **D** 20 **E** 15

9. Welches Element gehört nicht dazu?

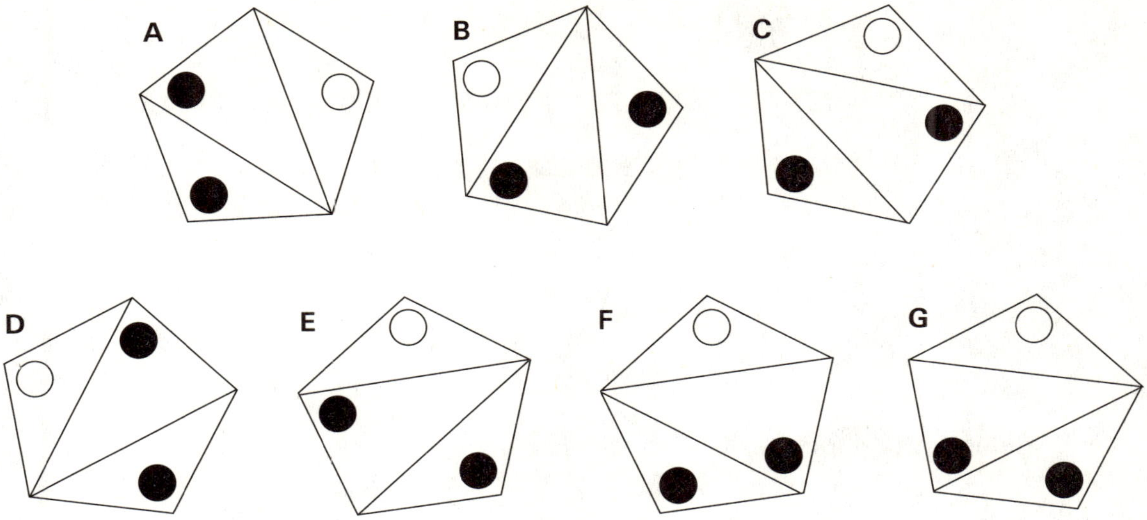

10. Hinter welcher der folgenden Zeilen verbirgt sich kein Tier mit vier Beinen?

A GITRE
B OBRATALS
C TEZAK
D PADREG
E GEDOG

11. Wie viele Minuten vor 9 Uhr ist es, wenn es eine Stunde später dreimal so viele Minuten nach 9 Uhr ist?

12. Finden Sie ein Wort, das dasselbe bedeutet wie die Beschreibungen rechts und links der Klammer.

Unterabteilung im Schrank (. . . .) Berufszweig

13. Welches Wort gehört nicht dazu?

Streit, Auseinandersetzung, Zank, Verärgerung, Zwist

14. Welches Wort in Klammern bedeutet dasselbe wie das in Großbuchstaben?

HOCHMÜTIG (bereit, eingebildet, ehrwürdig, wenig hilfsbereit, untertänig)

15.

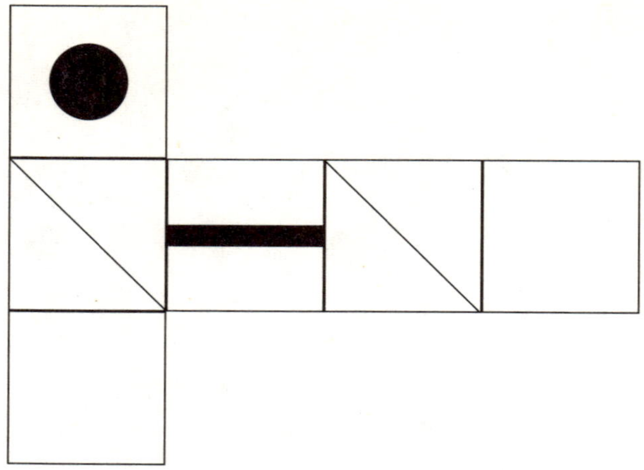

Nur einer der Würfel kann aus der Figur gefaltet werden. Welcher?

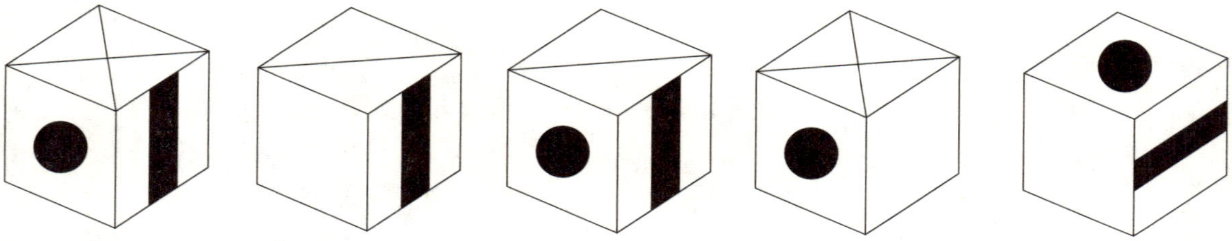

A B C D E

16. Welche Zahl ersetzt das Fragezeichen?

$-4,\ 9,\ -2^1/_2,\ 6^1/_4,\ -1,\ 3^1/_2,\ ?$

17. Setzen Sie drei Wortpaare zu einem anderen Wort für „abfließendes Regenwasser" zusammen.

SE AU KI FE TR AL

18. Setzen Sie ein Wort in Klammern, das, sowohl hinter das erste als auch vor das zweite gesetzt, neue Begriffe bildet.

SCHLÜSSEL (. . . .) HAUS

19. Finden Sie das Wort, das dieselbe Bedeutung hat wie die Worte links und rechts der Klammer.

GOTTESDIENST (. . . . .) INDUSTRIESCHAU

20. FIGUREN

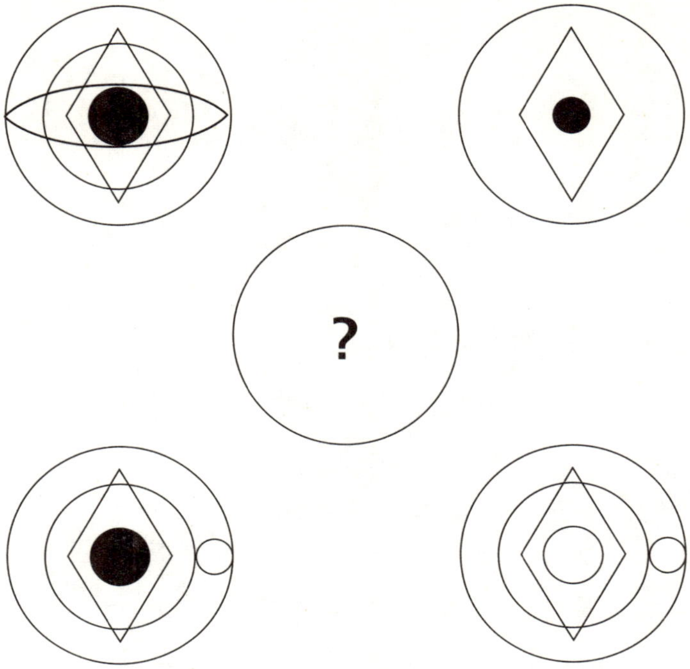

Die Linien und Figuren in den äußeren Kreisen werden nach den folgenden Regeln in den mittleren Kreis übertragen bzw. nicht übertragen:

Erscheint eine Linie oder eine Figur

einmal:	wird sie übertragen
zweimal:	wird sie eventuell übertragen
dreimal:	wird sie übertragen
viermal:	wird sie nicht übertragen

Welcher der Kreise A–E gehört in die Mitte?

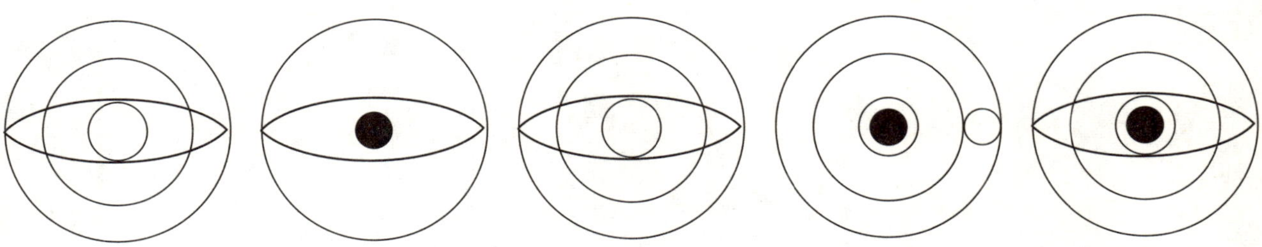

A B C D E

21. Welche Zahl ersetzt das Fragezeichen?

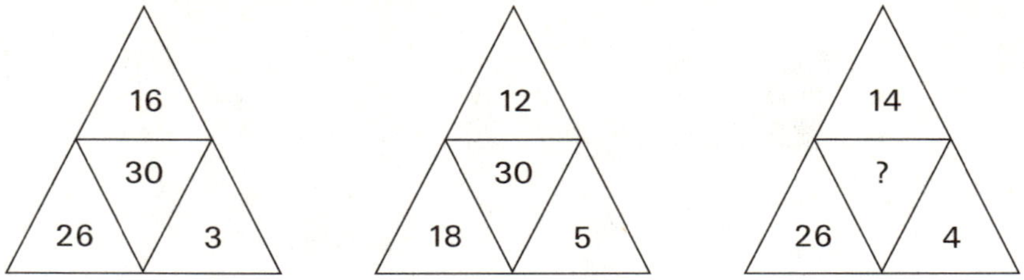

22. Wie nennt man eine Gruppe Hühner?

A KLASSE
B RASSE
C KOHORTE
D FAMILIE
E SCHAR

23. SECHSECKE

Welches Sechseck setzt die Reihe fort?

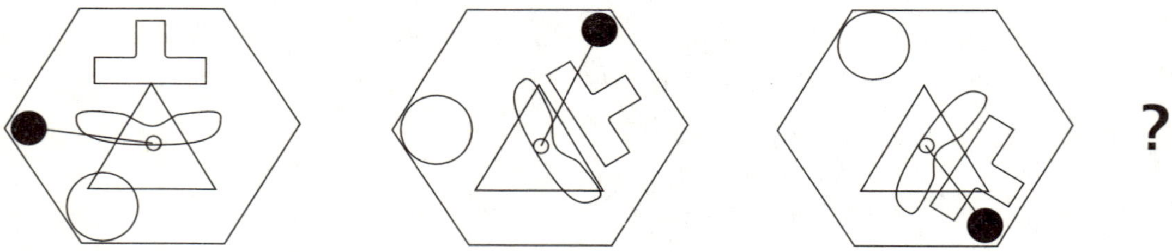

A

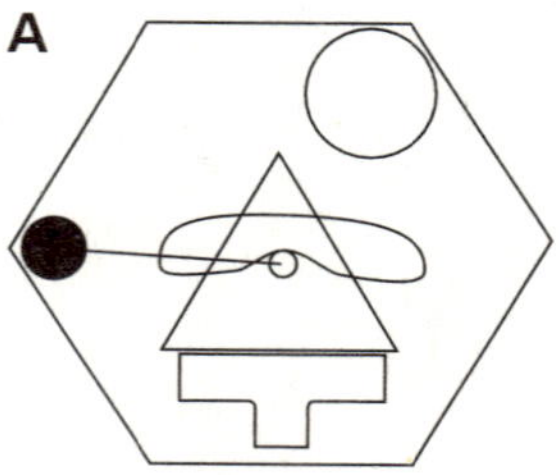

B

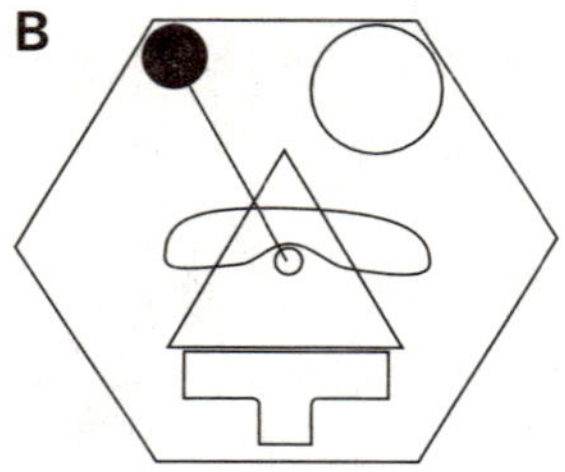

C

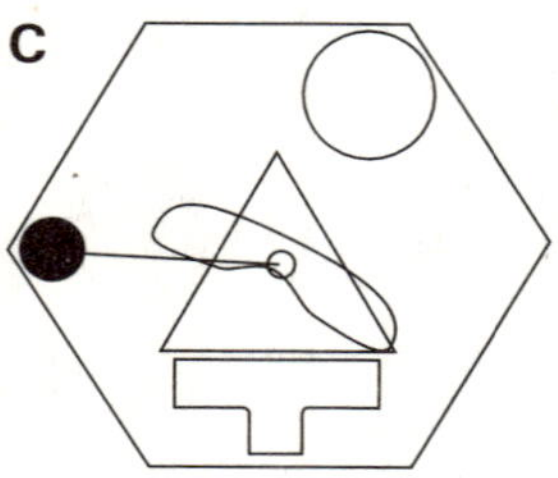

D

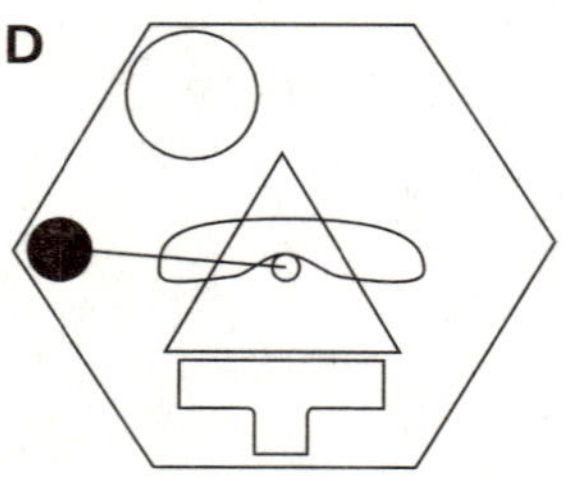

E

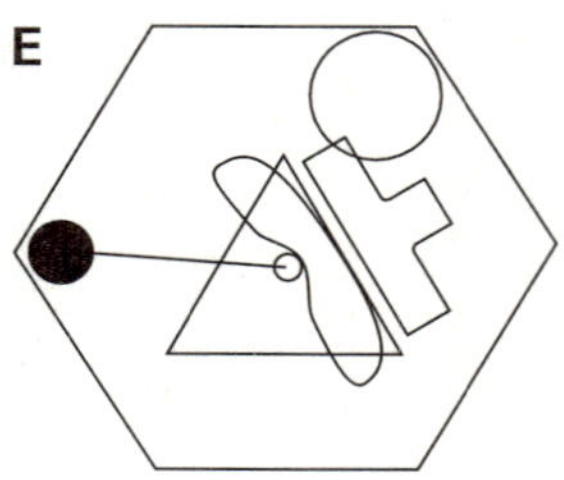

24. Vervollständigen Sie die Worte, und lesen Sie im Uhrzeigersinn. Die Wörter sind Synonyme.

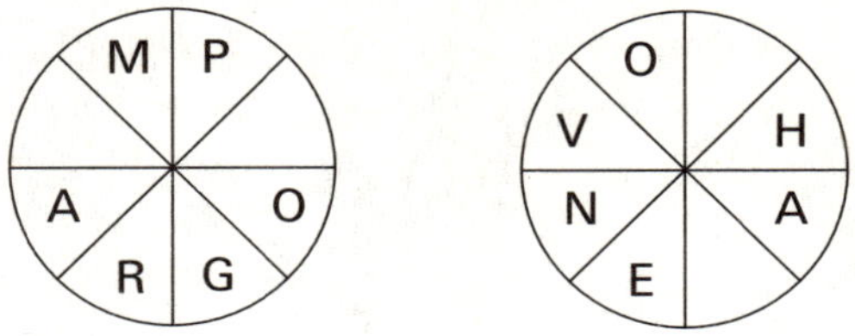

25. Bilden Sie aus den folgenden vier Buchstaben ein Wort mit sechs Buchstaben.

SK
LE

26. Finden Sie ein Wort, das sowohl an das Ende des ersten als auch an den Anfang des zweiten Worts gesetzt werden kann.

WEIZEN (. . . . . .) KUGEL

27 Welche Zahl ersetzt das Fragezeichen?

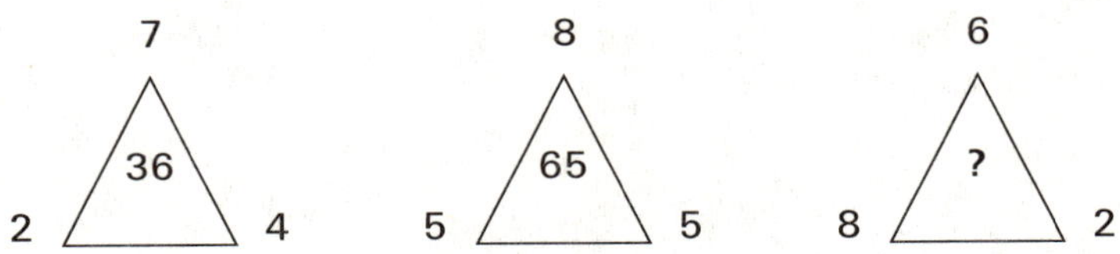

28. Welcher Begriff verbirgt sich hier?

FAST LIVE

29. Welche Zahl ersetzt das Fragezeichen?

14, 19, 29, 40, 44, 52, ?

30. GITTERNETZ

In jedem der neun Felder, die mit 1A bis 3C bezeichnet sind, müssen alle Linien und Figuren enthalten sein, die in den Quadraten mit der jeweiligen Ziffer bzw. dem jeweiligen Buchstaben zu sehen sind. Das Feld 2B muß z. B. alle Linien und Symbole der Felder 2 und B enthalten. Eins der Felder erfüllt die Forderungen nicht. Welches?

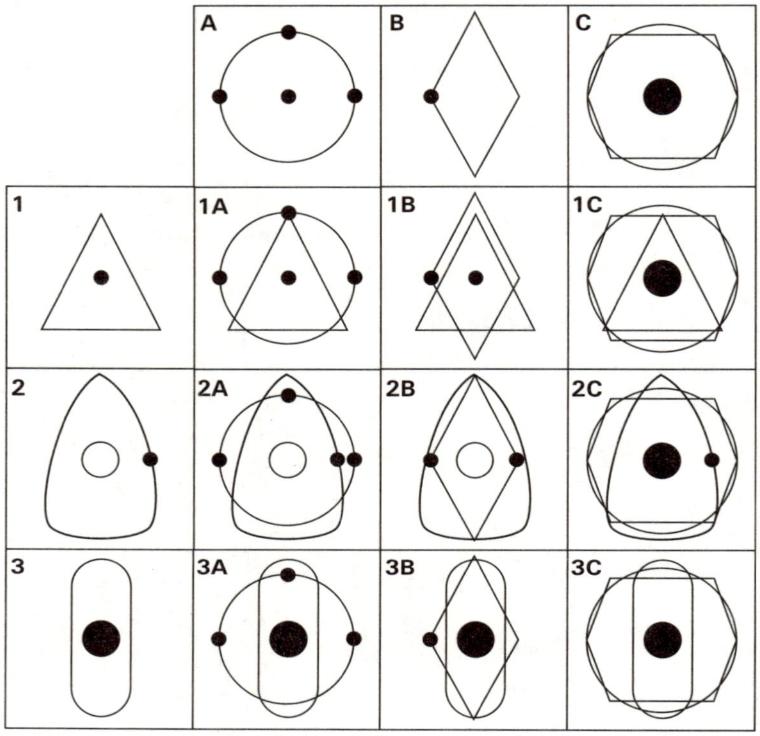

TEST 4

Lösungen

1. 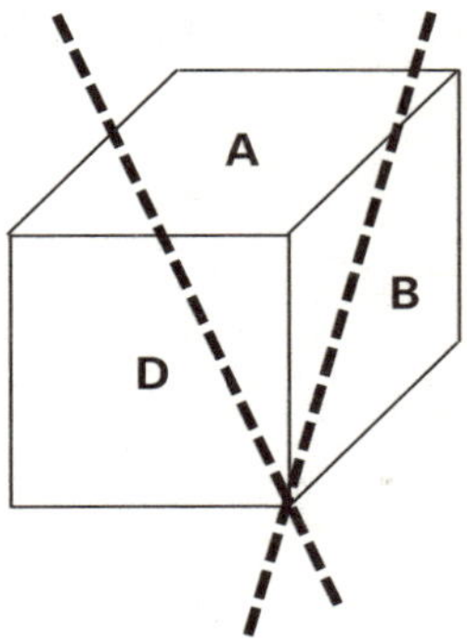

2. **C** 7 9 x 7 = 63; 3 x 3 = 9; 63 ÷ 9 = 7
3. **C** Insel : Wasser. Eine Oase wird von Sand umgeben, eine Insel von Wasser.
4. bedeutend
5. OPERATION
6. **C** Der große Bogen bewegt sich um 90° gegen den Uhrzeigersinn, der mittlere Bogen bewegt sich um 90° mit dem Uhrzeigersinn, der innere Bogen dreht sich um 180°.
7. VERALTEN, ERNEUERN
8. **D** 20; 15 x 4 = 60; 60 ÷ 3 = 20
9. **F** Für alle anderen findet sich ein spiegelbildliches Gegenstück.
10. OBRATALS = Albatros. Die anderen Tiere sind: Tiger (GITRE), Katze (TEZAK), Gepard (PADREG), Dogge (GEDOG).
11. 15 Minuten vor 9 Uhr
12. FACH
13. Verärgerung; Alle anderen Worte sind Synonyme.
14. eingebildet
15. **A**
16. $^{1}/_{2}$ Die Sequenz enthält zwei Serien: $-4, -2^{1}/_{2}, -1, ^{1}/_{2}\ (+\ 1^{1}/_{2})$; und $9, 6^{1}/_{4}, 3^{1}/_{2}, ^{3}/_{4}, (--2^{3}/_{4})$.
17. TRAUFE
18. BEIN
19. MESSE
20. **E**
21. 48 (26 – 16) x 3 = 30; (18 – 12) x 5 = 30; (26 – 14) x 4 = 48
22. **E** SCHAR
23. **A**
24. PROGRAMM, VORHABEN
25. KESSEL
26. SCHROT
27. 28 (7 + 2) x 4 = 36; (8 + 5) x 5 = 65; (6 + 8) x 2 = 28
28. FESTIVAL
29. 59 Jede Zahl addiert mit ihrer eigenen Quersumme ergibt die nächste Zahl: 14 + 1 + 4 = 19 + 1 + 9 = 29 + 2 + 9 = 40 + 4 + 0 = 44 + 4 + 4 = 44 + 4 + 4 = 52 + 5 + 2 = 59.
30. 2A

TEST 5

Aufgaben

1.

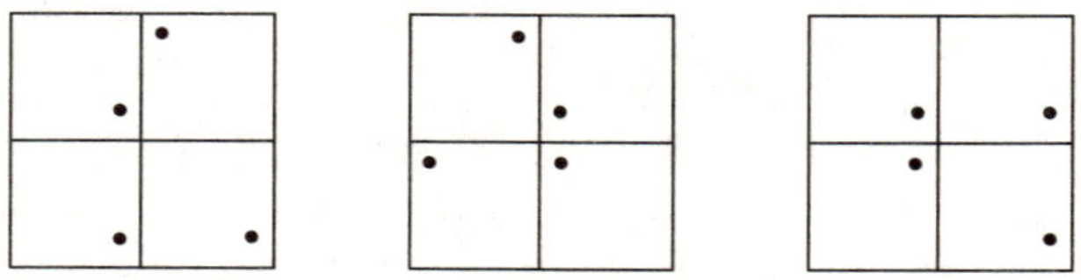

Wie muß die Reihe fortgesetzt werden?

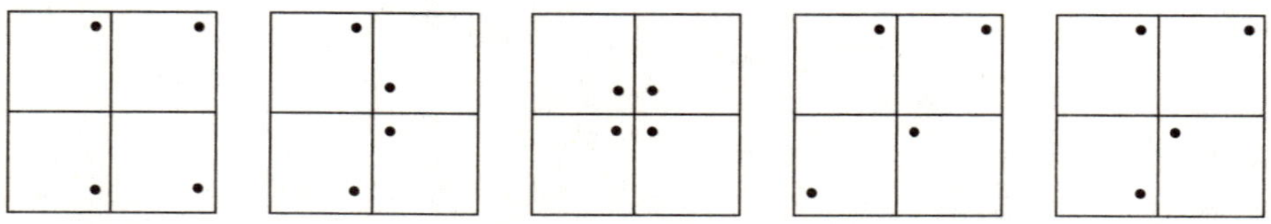

A **B** **C** **D** **E**

2. Welcher Begriff paßt nicht zu den anderen?

Kelte, Grieche, Malteser, Rosetta, Lothringer

3. Welcher Begriff verbirgt sich hier?

PRIMCHIKO

4.
7649 (155) 2865
3759 (160) 2816
4299 (?) 7412

Welche Zahl ersetzt das Fragezeichen?

A 70 **B** 80 **C** 90 **D** 110 **E** 120

5. **A** **B** **C** **D** **E** **F** **G** **H**

Welcher Buchstabe steht direkt links neben dem, der drei Stellen rechts von dem direkt rechts von dem B steht?

6. Die Häuser einer Straße sind mit 1, 2, 3, 4 usw. auf einer Seite bis zum Ende der Straße, dann in Gegenrichtung auf der anderen Seite durchnumeriert. Gegenüber der Hausnummer 29 liegt 52. Wie viele Häuser stehen in der Straße?

7.

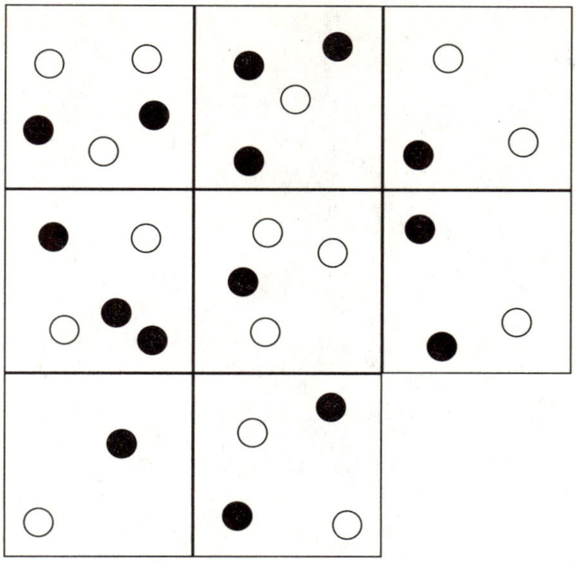

Welches Feld muß eingesetzt werden?

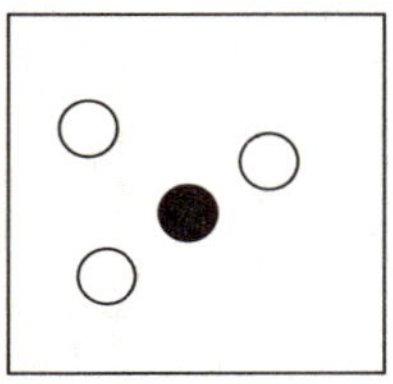

A

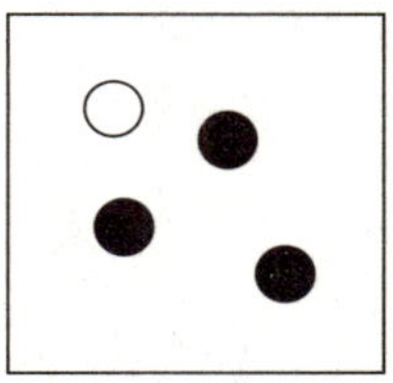

B

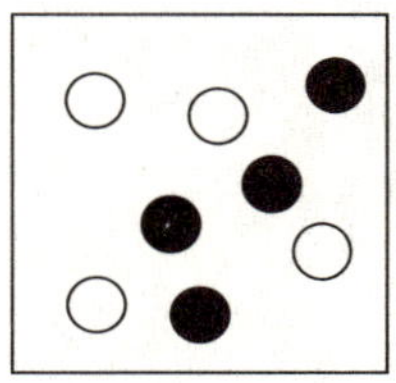

C

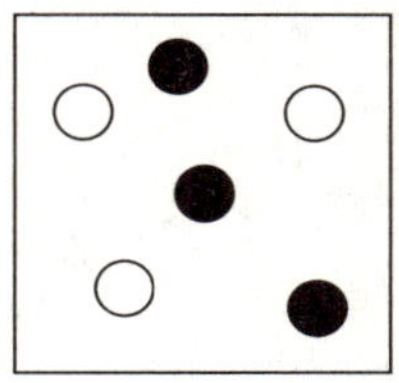

D

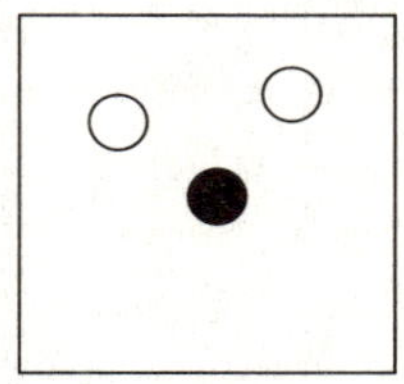

E

8. Vervollständigen Sie, und lesen Sie im Uhrzeigersinn. Die Wörter sind Synonyme.

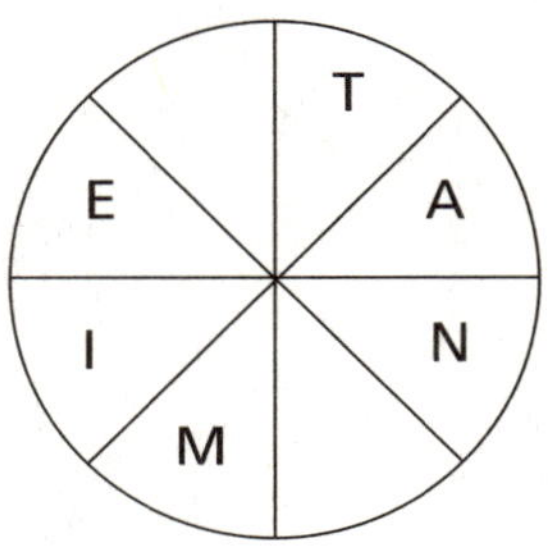

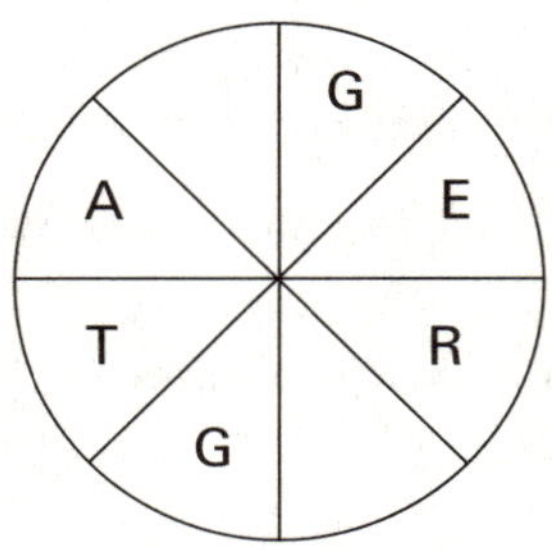

9. Welcher Begriff paßt nicht zu den anderen?

freisprechen, billigen, entlasten, vergeben, rehabilitieren

10. Welche Zahl setzt die Reihe fort?

25, 50, 27, 46, 31, 38, 39, ?

11. Hinter welcher der folgenden Zeilen verbirgt sich kein Kartenspiel?

A KROPE
B DIGBER
C PLEPODFOKP
D PANTIS
E THISW

12. Welche beiden Begriffe haben gegenteilige Bedeutung?

zerstören, verlegen, suchen, finden, bekommen, erwerben

13. Setzen Sie das Wort in Klammern, das beide Bedeutungen haben kann.

NIEDERSCHLAG (. . .) SEIL

14.

9	26	17	9
32	57	?	32
23	31	8	23
9	26	17	9

Welche Zahl muß anstelle des Fragezeichens stehen?

A 22 **B** 23 **C** 24 **D** 25 **E** 26

15. Welche beiden Begriffe stehen sich ihrer Bedeutung nach am nächsten?

sanft, geschmeidig, beständig, elastisch, talentiert, nützlich

16. Welche Zahl ersetzt das Fragezeichen?

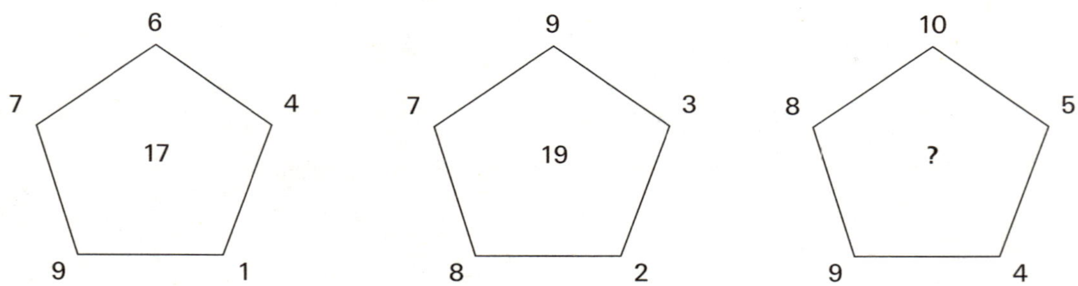

17. Setzen Sie das Wort in Klammern, das die Begriffe links und rechts der Klammer ersetzen kann.

OBERTEIL DES PILZES (. . .) VORSICHT

18. Welcher Begriff verbirgt sich hier?

GEBURTENWERA

19. Welches Wort kann sowohl an das linke angehängt als auch vor das rechte gesetzt werden?

KREUZ (. . . . .) WACHE

20. KREISE

Welcher der Kreise A–E vervollständigt die Pyramide?

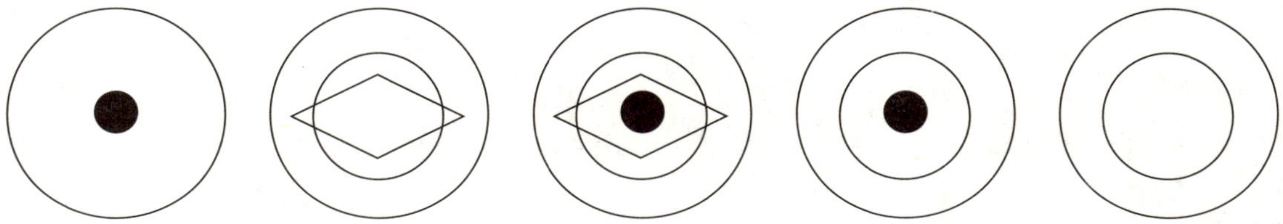

A **B** **C** **D** **E**

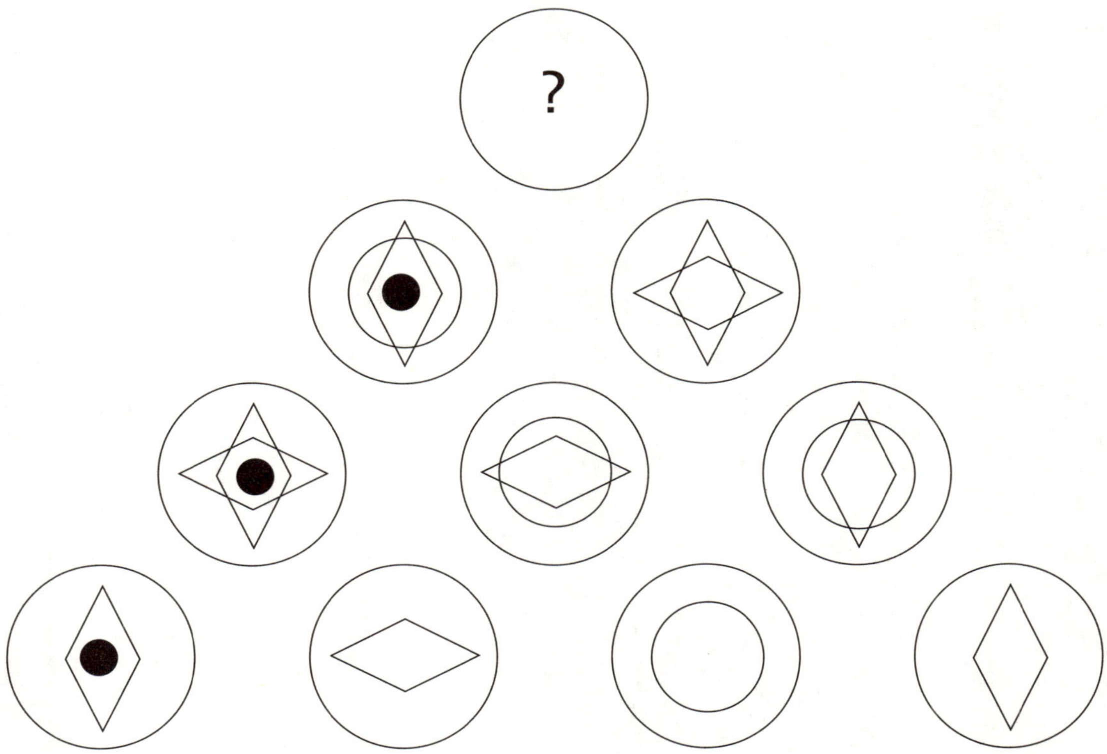

21. Welche Zahl ersetzt das Fragezeichen?

8	28	7	28
9	12	4	24
7	37	9	26
12	13	2	?

22. Wie nennt man eine Gruppe von Hunden?

A ROTTE
B WIESE
C KOPPEL
D MENGE
E REIHE

23. Bilden Sie aus den vier angegebenen ein Wort mit sechs Buchstaben.

ÖF
LE

24. Welche Zahl ersetzt das Fragezeichen?

8, –14, ?, –42,875

25. VERGLEICH

Auf

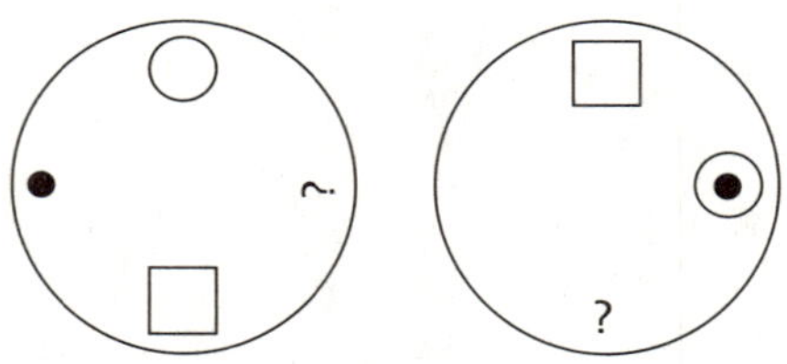

folgt

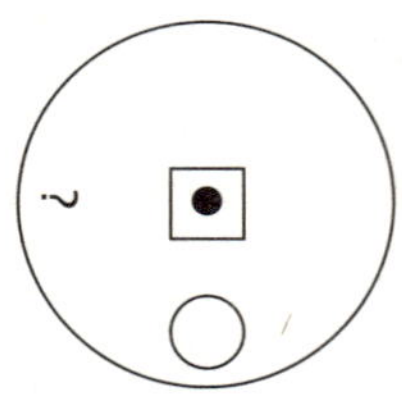

also wird

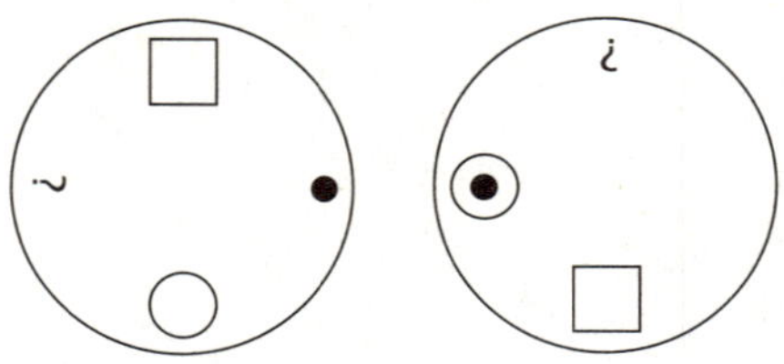

zu

?

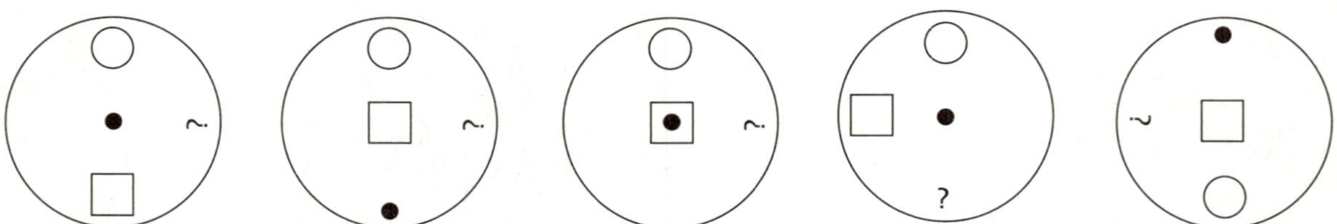

A **B** **C** **D** **E**

26. Welches Wort paßt nicht zu den anderen?

flechten, mischen, verweben, binden, knüpfen

27. Setzen Sie drei Buchstabenpaare so zusammen, daß sich ein anderes Wort für „Umhang" ergibt.

NO LO KI PI MO SA

28.

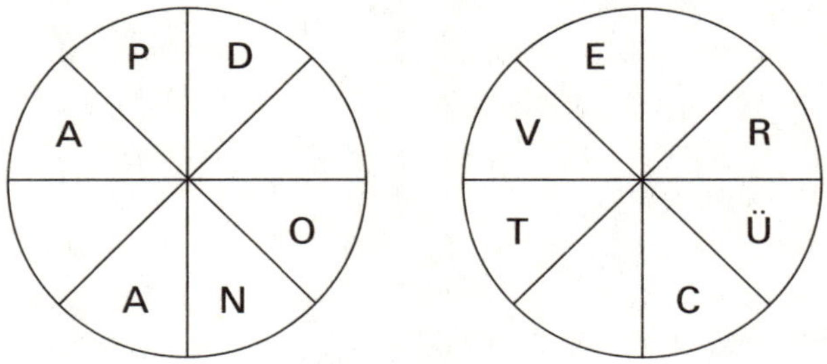

Nach welchen synonymen Wörtern wird hier gesucht? Eines wird im Uhrzeigersinn, das andere gegen den Uhrzeigersinn gelesen.

29. Welches Wort bildet mit den anderen neue Begriffe?

(. . . . . .)

BRAND
DECK
BLENDE
UNTERGANG
STRAHL

30. Welches Element gehört nicht dazu?

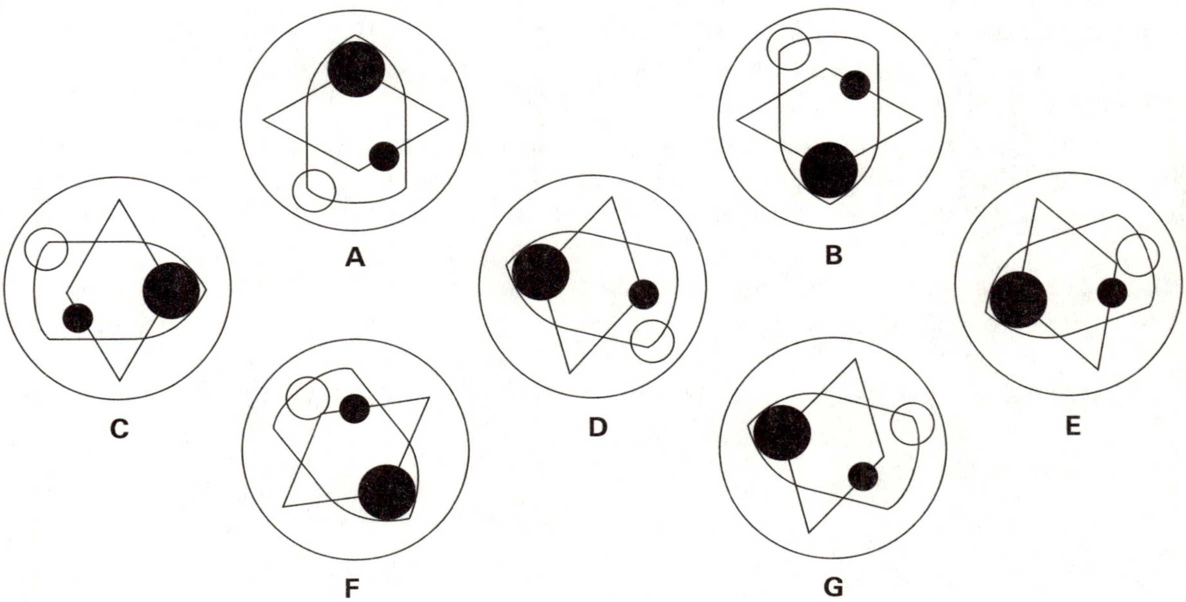

TEST 5

Lösungen

1. **E** Im linken oberen Feld steht der Punkt abwechselnd in der oberen und unteren Ecke. Im linken unteren Feld wandert der Punkt mit jedem Schritt eine Ecke im Uhrzeigersinn. Im rechten oberen Feld wandert der Punkt mit jedem Schritt eine Ecke gegen den Uhrzeigersinn. Im rechten unteren Feld steht der Punkt abwechselnd in gegenüberliegenden Ecken.
2. Rosetta. Dies ist eine Gesteinsart, alle anderen Begriffe bezeichnen Kreuze.
3. MIKROCHIP
4. **A** 70 Man nimmt von der linken Zahl die zweite und vierte Ziffer sowie von der rechten Zahl die beiden mittleren Ziffern und addiert; 4299; 7412 → 29 + 41 = 70.
5. **E**
6. 80
7. **D** Dadurch befinden sich in jeder horizontalen und vertikalen Reihe sechs schwarze und sechs weiße Punkte. Zu derselben Lösung gelangt man durch die Beobachtung, daß die Felder jeder Reihe und jeder Spalte je einmal einen, zwei oder drei schwarze bzw. weiße Punkte enthalten.
8. ANIMIERT, ANGEREGT
9. billigen; die anderen Worte sind Synonyme.
10. 22 Es existieren zwei einander abwechselnde, getrennte Serien: Die erste beginnt mit der Zahl 25 und addiert dann zu jeder zweiten Zahl 2, 4, 8 usw., die andere beginnt mit der Zahl 50, von ihr wird an jeder zweiten Stelle 4, 8, 16 usw. abgezogen.
11. PANTIS = Spinat. Die Kartenspiele sind: Poker (KROPE), Bridge (DIGBER), Doppelkopf (PLEPODFOKP), Whist (THISW).
12. suchen, finden
13. TAU
14. **D** 25 Von links nach rechts und von oben nach unten gesehen bildet die dritte und vierte Ziffer die Differenz der beiden vorigen.
15. geschmeidig, elastisch
16. 18 (9 + 7 + 6) - (4 + 1) = 17; (9 + 7 + 8) - (3 + 2) = 19; (10 + 8 + 9) - (5 + 4) = 18
17. HUT
18. WERBEAGENTUR
19. FEUER
20. **C**
21. 11 (8 x 7) – 28 = 28; (9 x 4) – 12 = 24; (7 x 9) – 37 = 26; (12 x 2) – 13 = 11
22. C KOPPEL
23. LÖFFEL
24. 24,5 von links nach rechts wird mit dem Faktor -1,75 multipliziert.
25. **C**
26. mischen
27. KIMONO
28. PARANOID, VERRÜCKT
29. SONNEN
30. **D**

TEST 6

Aufgaben

1.

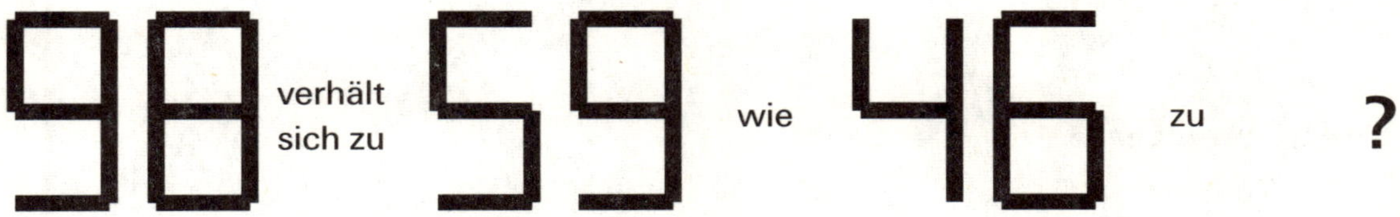

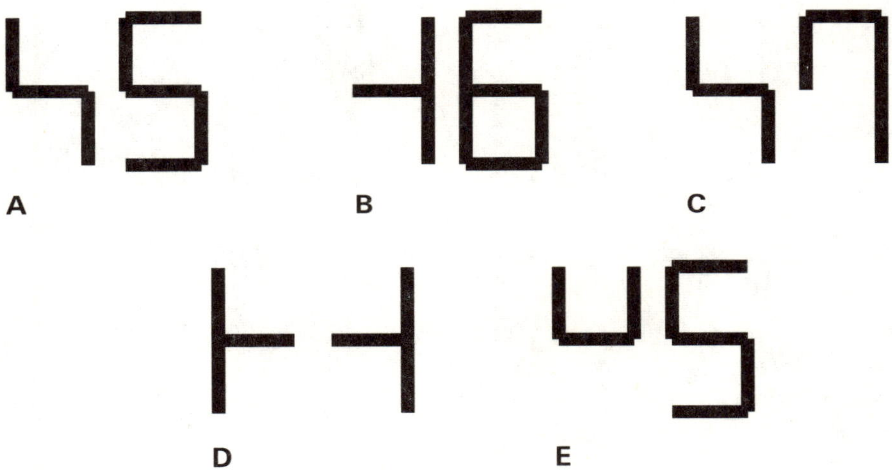

2. Vervollständigen Sie die Worte, die im Uhrzeigersinn zu lesen sind. Die Worte sind Antonyme.

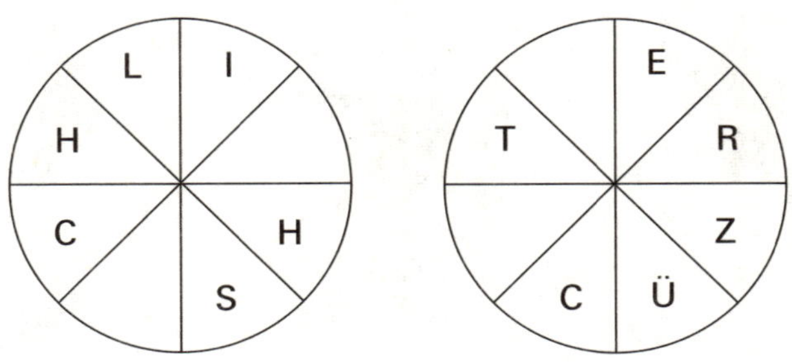

3. 5723 : 1311 : 143

Welche Zahlenfolge drückt dasselbe Verhältnis aus?

A	7649 : 3724 : 888
B	5935 : 1422 : 103
C	6279 : 3418 : 222
D	7654 : 3892 : 792
E	1581 : 129 : 33

4. Welcher Begriff paßt nicht zu den anderen?

knapp, prägnant, geistreich, markig, treffend

5.

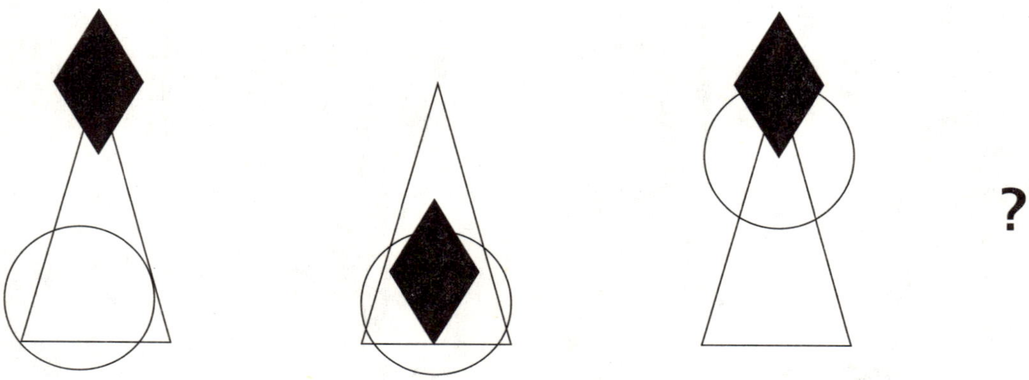

Setzen Sie die Reihe fort.

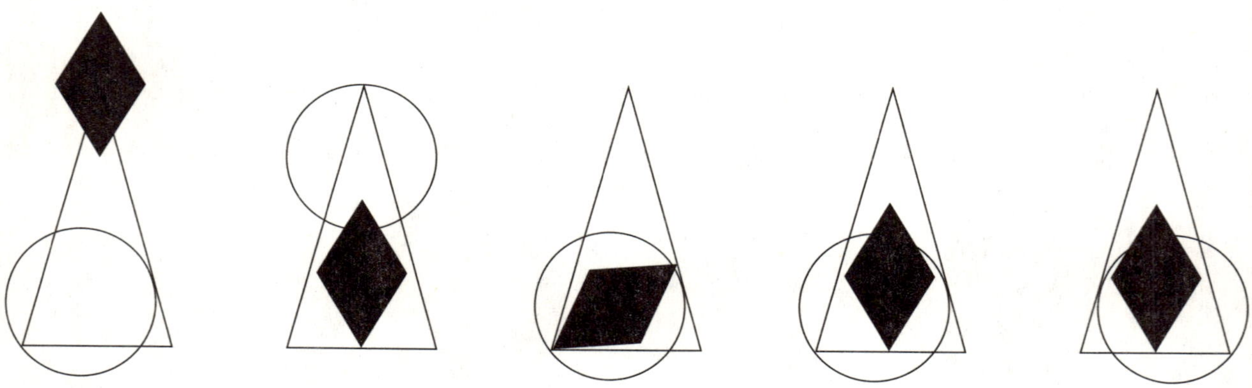

A B C D E

6.

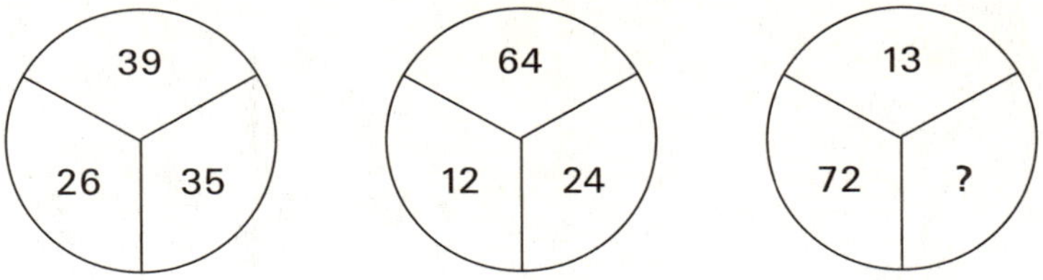

Welche Zahl muß anstelle des Fragezeichens stehen?

A 15 **B** 16 **C** 17 **D** 18 **E** 19

7. Vervollständigen Sie die Worte so, daß sich in Klammern von oben nach unten gelesen ein Tiername ergibt.

SAC (_)
TOG (_)
PAR (_)
TEA (_)
ANN (_)
HOH (_)

8. Welcher männliche Vorname verbirgt sich hinter HILDA BARL?

9. Welches der Worte in Klammern bedeutet dasselbe wie das in Großbuchstaben?

ÜPPIG (ausgedehnt, genügsam, luxuriös, exquisit, ausreichend)

10. Für welche Zahl steht der * in der vierten Spalte?

9	4	3	7	4	2
8	2	8	2	8	7
3	8	4	*	1	1
5	9	6	9	4	5

11. Welche der folgenden Zeilen verbirgt keine Sportart?

A GENNAL
B OKSENOR
C ALTNEP
D ATAKER
E INTENS

12. Zwei der Worte haben gegenteilige Bedeutung. Welche?

locken, bummeln, verwirren, zähmen, beeilen, tratschen

13.

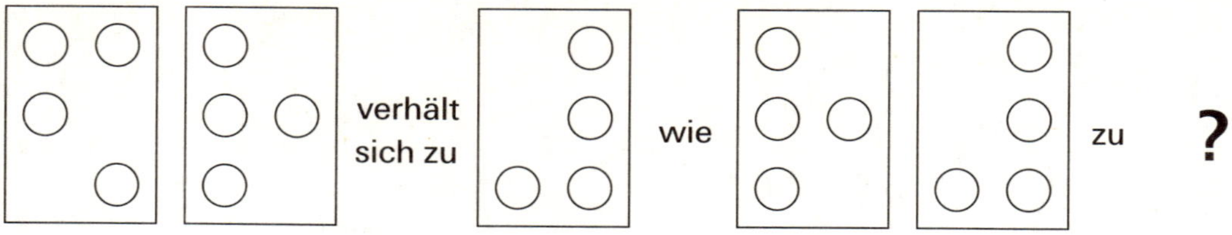

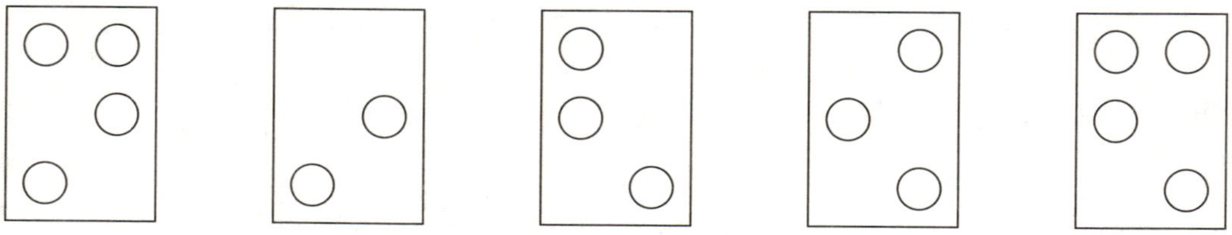

A **B** **C** **D** **E**

14.

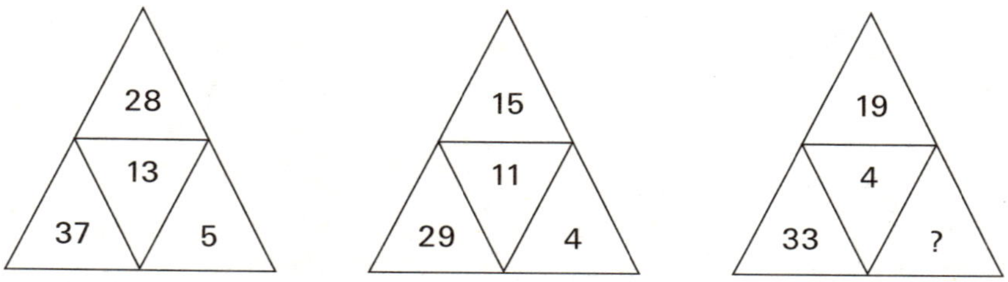

Für welche Zahl steht das Fragezeichen?

A 11 **B** 12 **C** 13 **D** 14 **E** 15

15. Setzen Sie das Wort ein, das dieselbe Bedeutung hat wie die beiden Wörter außerhalb der Klammer.

AUSFLUG (. . . . .) SCHWUNG

16. Setzen Sie die fehlende Zahl ein.

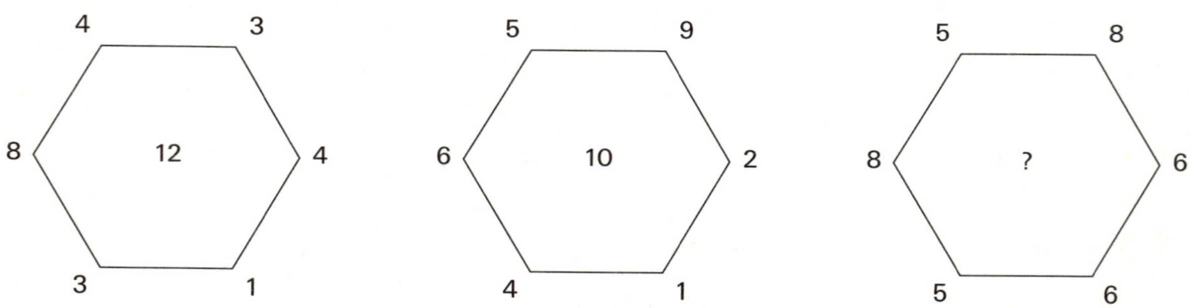

17. Setzen Sie ein Wort in Klammern, das an das erste Wort angehängt werden, aber auch vor das zweite Wort gesetzt werden kann.

TRITT (. . . . . .) WAGEN

18. Setzen Sie das Wort ein, das dieselbe Bedeutung hat wie die Worte außerhalb der Klammer.

RAUPE (. . . . .) MASKE

19. Bilden Sie aus den vier Buchstaben ein Wort mit sechs Buchstaben.

US
ME

20.

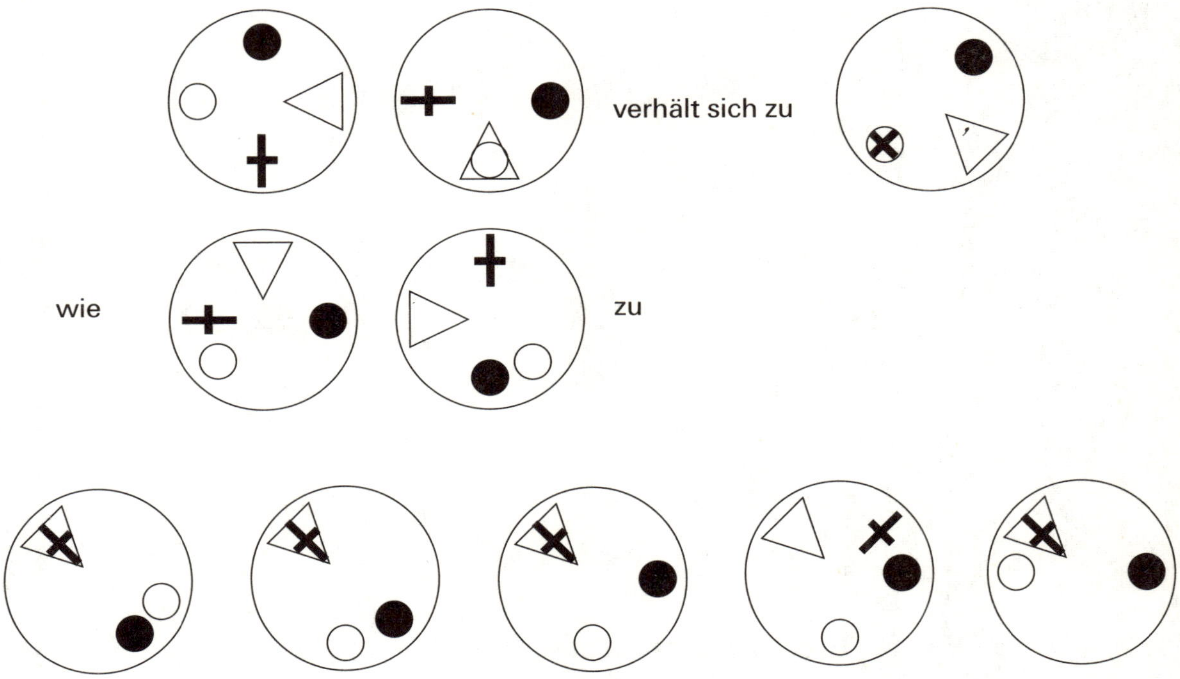

A B C D E

21. Setzen Sie das Wort ein, das dieselbe Bedeutung hat wie die Worte außerhalb der Klammern.

FEIER (. . . .) HART

22. Setzen Sie drei Buchstabenpaare zusammen, so daß sich ein anderes Wort für „Bild" ergibt.

ND AK LI AT PL PO

23. Wie nennt man eine Gruppe Rehe?

A SPRUNG
B WURF
C SAAT
D VOLK
E MELONE

24. Welcher Begriff verbirgt sich hier?

OMI IST ÄTNA

25. Welche Figur gehört nicht dazu?

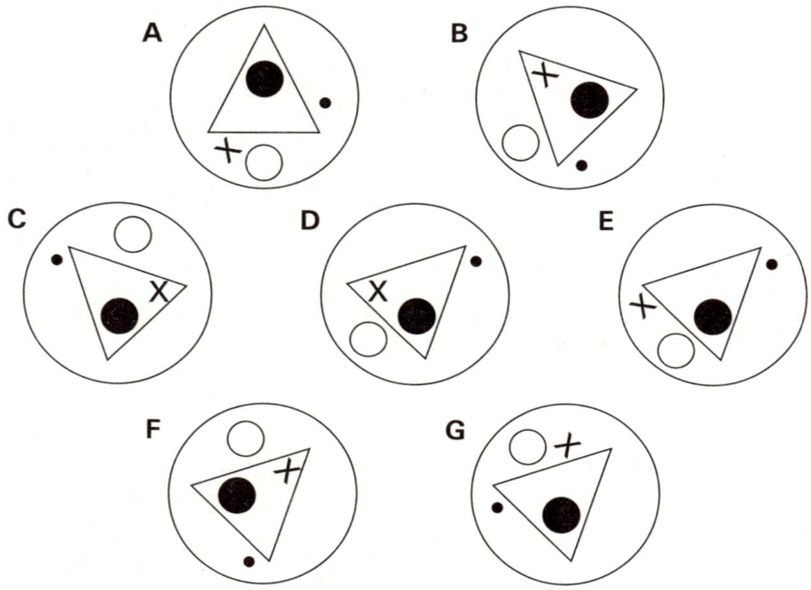

26. Zwei der Worte haben gegenteilige Bedeutung. Welche?

verärgert, verwirrt, sporadisch, unmöglich, erfreut, unerbittlich

27. Setzen Sie die fehlende Zahl ein.

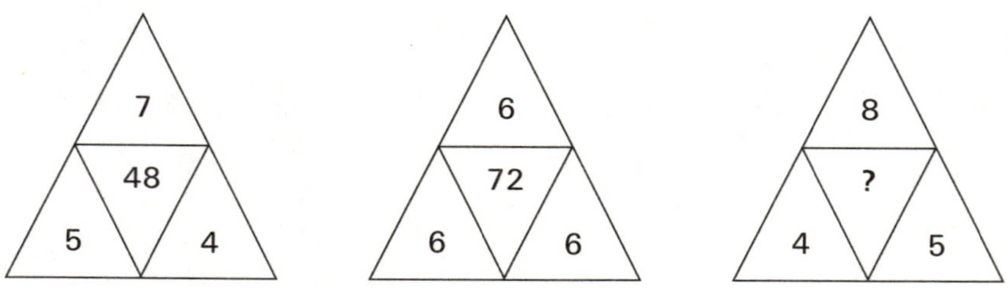

28. Vervollständigen Sie die Worte, die im Uhrzeigersinn zu lesen sind. Es sind Synonyme.

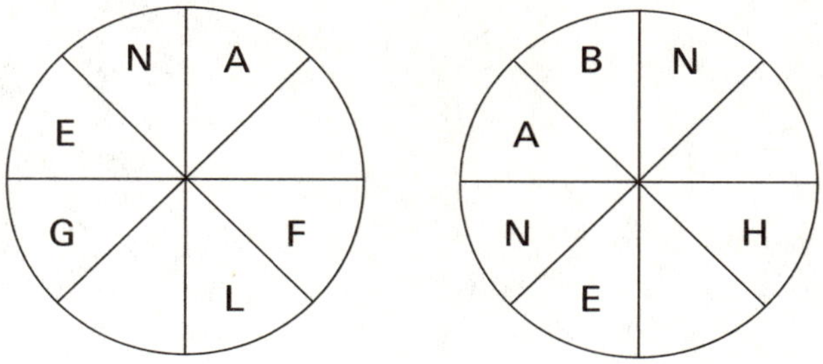

29. Welche beiden Worte sind ihrer Bedeutung nach am engsten verwandt?

infernalisch, scharfsinnig, repliziert, wundersam, dämonisch, überschwenglich

30. SECHSECKE

Setzen Sie das fehlende Sechseck ein.

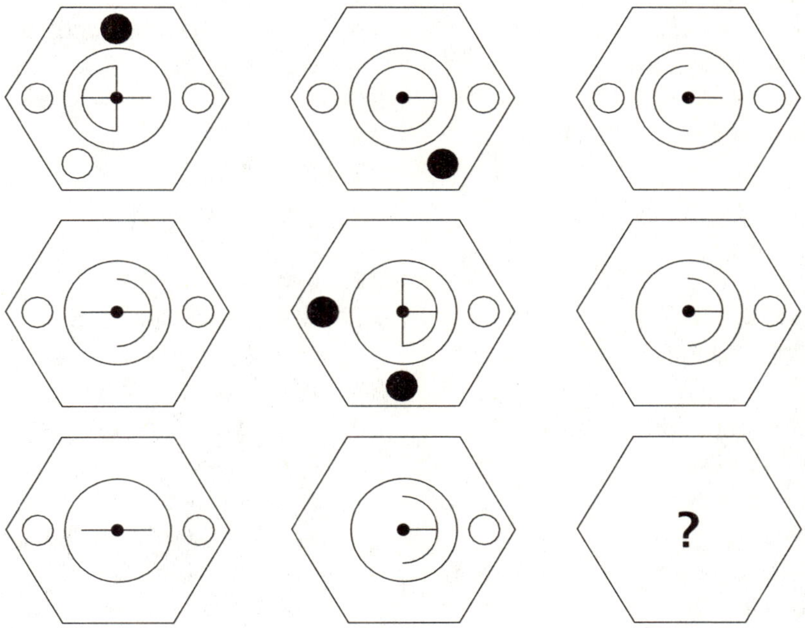

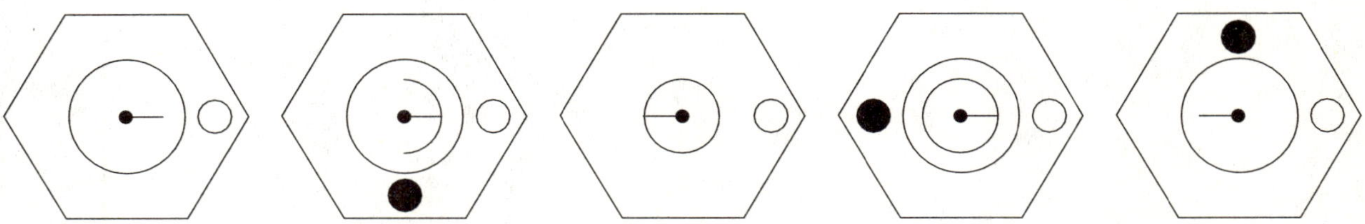

A **B** **C** **D** **E**

TEST 6

Lösungen

1. **A** Bei der linken Ziffer verschwindet der Strich rechts oben, bei der linken Ziffer verschwindet die Ziffer links unten.
2. SACHLICH, VERZÜCKT
3. **A** 7649 : 3724 : 888
   76 x 49 = 3724
   37 x 24 = 888
4. geistreich; die anderen Worte sind Synonyme.
5. **D** Die Raute steht abwechselnd an der Spitze bzw. der Unterseite des Dreiecks. Der Kreis berührt immer eine Ecke des Dreiecks und wandert dabei gegen den Uhrzeigersinn.
6. **A** 15 Addiert ergeben die Zahlen in den Kreisen 100.
7. KAIMAN
8. ARCHIBALD
9. luxuriös
10. 1 addiert ergeben die Ziffern in den Spalten von links nach rechts 25, 23, 21, 19, 17, 15.
11. ALTNEP = Planet. Die Sportarten sind Angeln (GENNAL), Snooker (OKSENOR), Karate (ATAKER), Tennis (INTENS).
12. bummeln, beeilen
13. **E** Die beiden Rechtecke bilden übereinandergelegt das dritte Rechteck. Allerdings verschwinden die Kreise, die zuvor zweimal an derselben Stelle standen.
14. **C** 13 $(28 + 37) \div 13 = 5$; $(15 + 29) \div 4 = 11$; $(19 + 33) \div 13 = 4$
15. FAHRT
16. 10 $\frac{(4 \times 8 \times 3)}{(3 + 4 + 1)} = 12$; $\frac{(5 \times 6 \times 4)}{(9 + 2 + 1)} = 10$; $\frac{(4 \times 8 \times 3)}{(3 + 4 + 1)} = 10$
17. LEITER
18. LARVE
19. MUSEUM
20. **B** Jede Figur bewegt sich um 90° in eine Richtung und dann um die Hälfte zurück.
21. FEST
22. PLAKAT
23. **A** SPRUNG
24. ANIMOSITÄT
25. **E**
26. verärgert, erfreut
27. 60 $(7 + 5) \times 4 = 48$; $(6 + 6) \times 6 = 72$; $(8 + 4) \times 5 = 60$
28. AUFLEGEN, ABNEHMEN
29. infernalisch, dämonisch
30. **A** Die Sechsecke in der dritten Reihe entstehen durch eine Kombination der darüberliegenden. Allerdings werden nur die Symbole übernommen, die in beiden oberen Sechsecken enthalten sind.

TEST 7

Aufgaben

1. **A B C D E F G H**
Welcher Buchstabe steht zwei Positionen links von dem, der direkt rechts neben dem steht, der vier Stellen links vom Buchstaben F steht?

2. Ein Mann unternimmt eine Reise. Er legt die erste Hälfte der Strecke mit einer Durchschnittsgeschwindigkeit von 25 km/h zurück. Wie schnell muß der Mann die zweite Hälfte der Strecke zurücklegen, um eine Durchschnittsgeschwindigkeit von 50 km/h für die Gesamtstrecke zu erreichen?

A 50 km/h **B** 60 km/h **C** 100 km/h
D 150 km/h **E** es ist unmöglich

3. Welches Wort ist hier versteckt? HACARTRIP

4. Welches Wort in Klammern bedeutet das Gegenteil von dem vor der Klammer?

UNEINIGKEIT (Passivität, entschuldbar, Leidenschaftlichkeit, Unisono, Stabilität)

5. Setzen Sie das fehlende Stück ein.

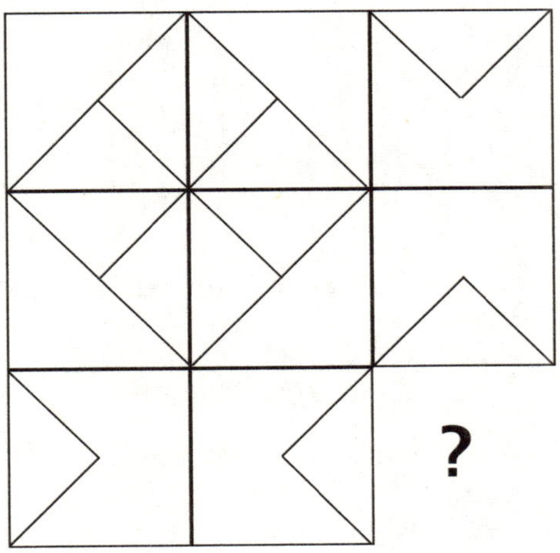

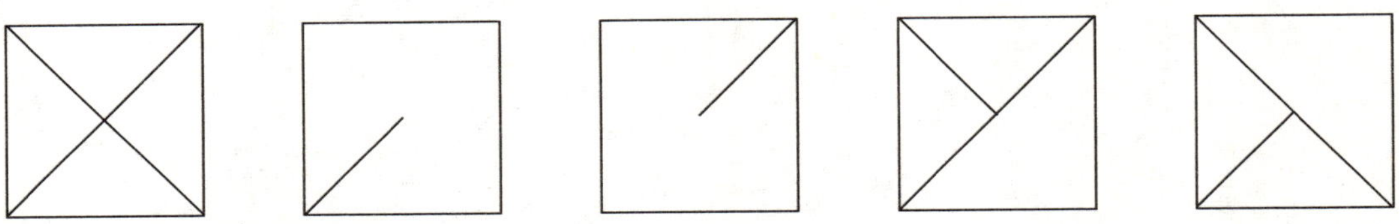

A **B** **C** **D** **E**

6. Setzen Sie die Zahlenfolge fort.

3821, 3949, 4898, 5796, 6493, ?

7. Zwei der folgenden Worte bedeuten dasselbe. Welche?

geheim, unantastbar, ganzheitlich, heilig, unfehlbar, faszinierend

8. Was ergibt $^3/_5 \div {}^1/_6$?

A $2\,^1/_5$ **B** $3\,^1/_5$ **C** $3\,_2/_5$ **D** $^3/_5$ **E** 4

9. In welcher der folgenden Zeilen verbirgt sich kein amerikanischer Präsident?

A ANTRUM
B ILLCONN
C DENYKEN
D THECHART
E TERARC

10. Setzen Sie die fehlenden Buchstaben ein. Die Worte sind Synonyme und im Uhrzeigersinn zu lesen.

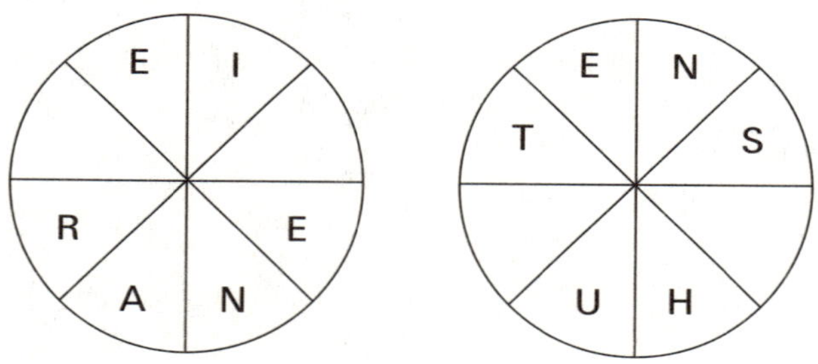

11. Setzen Sie das Wort in Klammern, das dieselbe Bedeutung hat wie die Worte außerhalb der Klammern.

VERMUTLICH (. . . .) GLÜCK

12. Welches Wort paßt nicht zu den anderen?

Glockenturm, Seitengang, Taufstein, Mittelschiff, Altar

13.

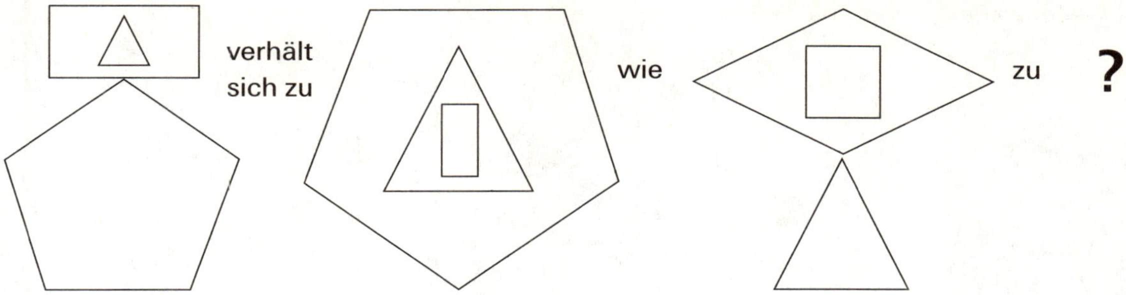

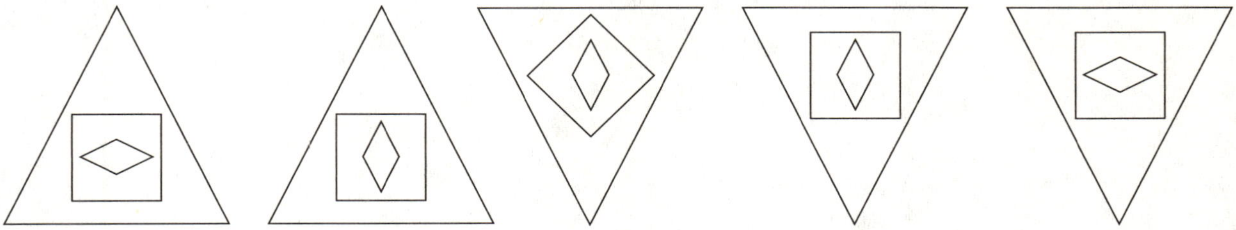

A **B** **C** **D** **E**

14.

3	15	9	8
27	7	13	10
46	11	9	36
52	2	26	28

25	16	15	42
9	12	3	2
7	18	12	8
10	31	11	29

Multiplizieren Sie die zweithöchste ungerade Zahl des linken Zahlengitters mit der zweitniedrigsten Zahl des rechten Zahlengitters. Wie lautet das Ergebnis?

A 72 **B** 120 **C** 126 **D** 150 **E** 180?

15. Welche Zahl ersetzt das Fragezeichen?

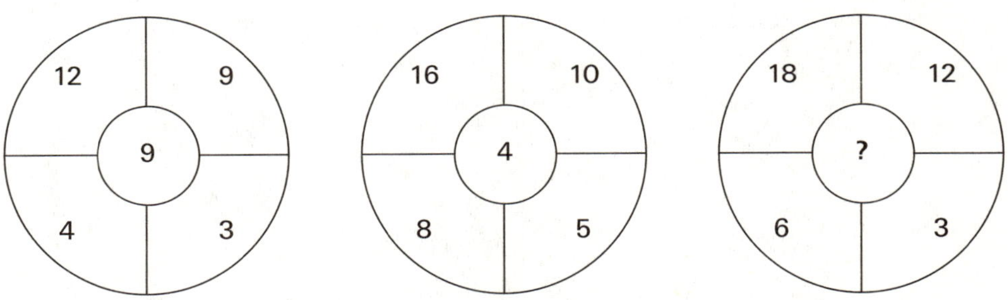

16. Welches Feld gehört nicht dazu?

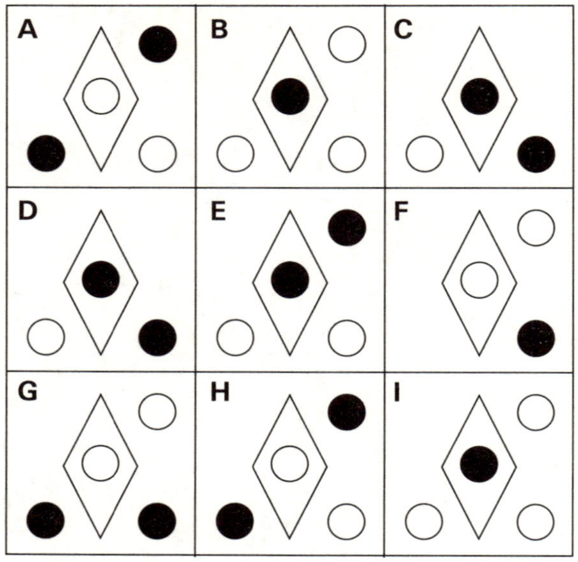

17. Welches Wort verbirgt sich hier?

MEKONASE

18. Setzen sie das Wort in Klammern, das sowohl mit dem ersten als auch mit dem zweiten neue Worte bildet.

GARTEN (. . . .) KÖNIG

19. Setzen Sie das Wort in Klammern, das dieselbe Bedeutung hat wie die Worte außerhalb der Klammer.

SPIEL (. . . .) BUCHT

20. Setzen Sie die Zahlenfolge fort.

7, 15, $8^{3}/_{4}$, $10^{1}/_{2}$, $4^{1}/_{2}$, ?

21. Wie nennt man eine Gruppe Sauen?

A RUDEL
B ROTTE
C WELLE
D KUGUAR
E SAMMLUNG

22. VERGLEICH

Dies

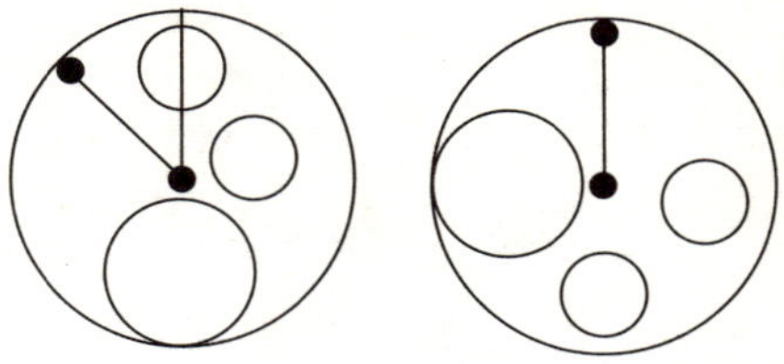

verhält sich zu

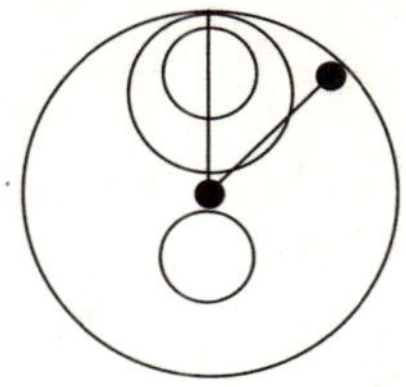

wie

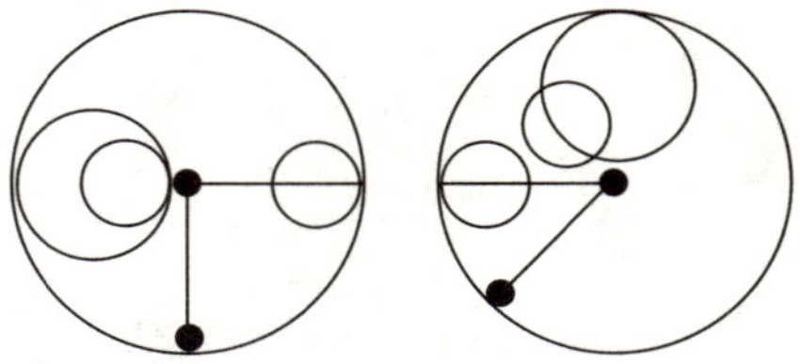

zu **?**

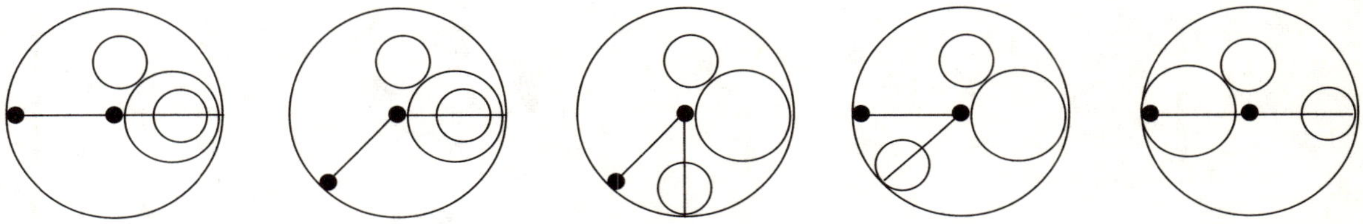

A B C D E

23. Setzen Sie drei Buchstabenpaare so zusammen, daß sich ein „Schiff" ergibt.

NK DI ER OZ TA EL

24. Bilden Sie ein Wort mit sechs Buchstaben aus den angegebenen vier Buchstaben.

OP
TU

25. Welche Zahl muß anstelle des Fragezeichens stehen?

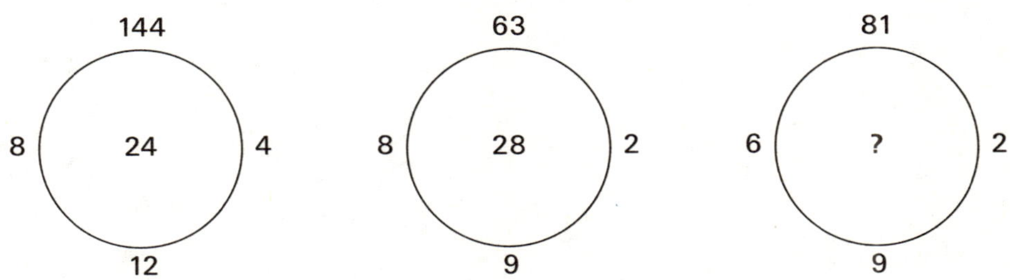

26. Welche Figur paßt nicht zu den anderen?

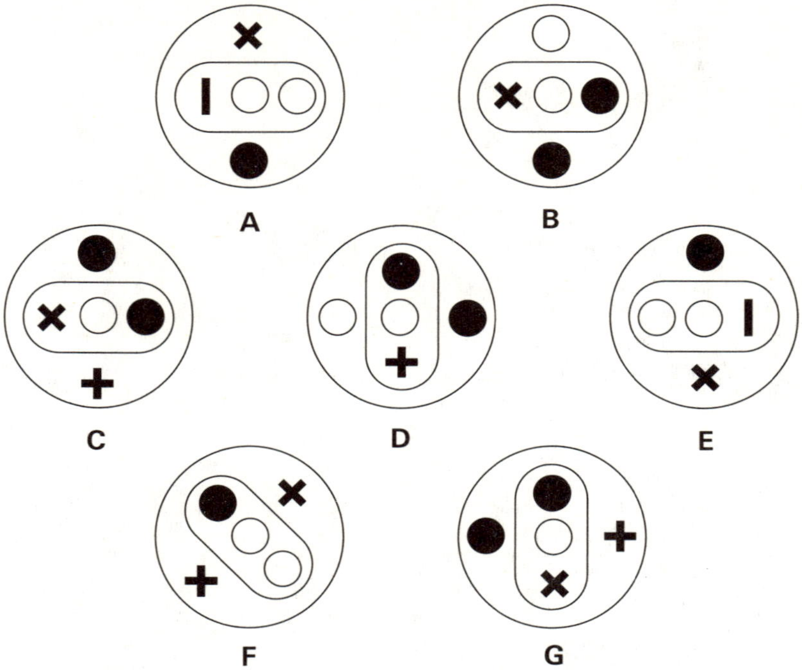

27. Welches Wort bildet mit allen fünf Worten neue Begriffe?

BAD
HAMMER
(. . . . .)   MOTOR
NUDEL
STRAHL

28. Vervollständigen Sie die synonymen Begriffe, und lesen Sie im Uhrzeigersinn.

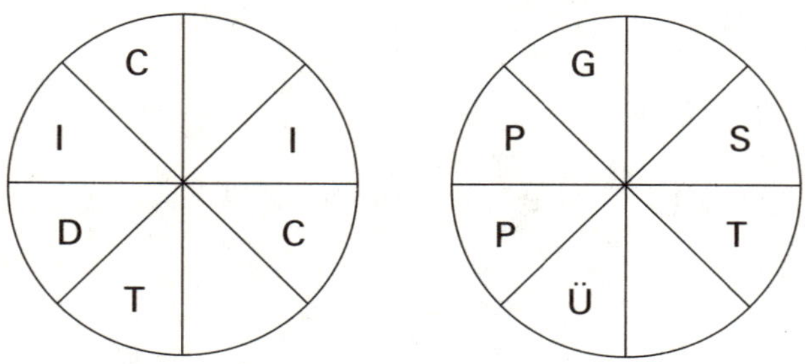

29. Welches Wort hat dieselbe Bedeutung wie die Worte außerhalb der Klammer?

FERTIG (. . . .) RAD

30. SECHSECKE

Welches Sechseck setzt die Reihe fort?

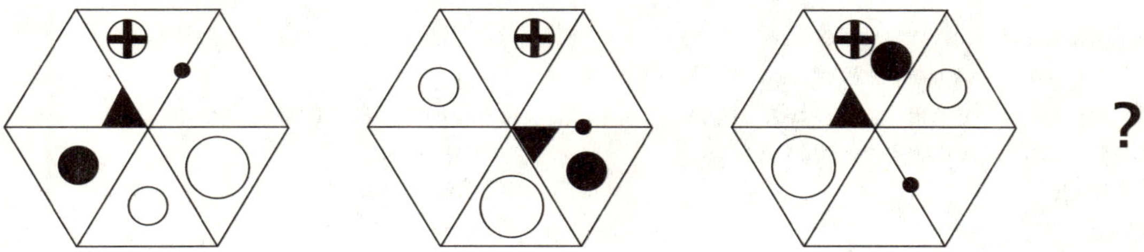

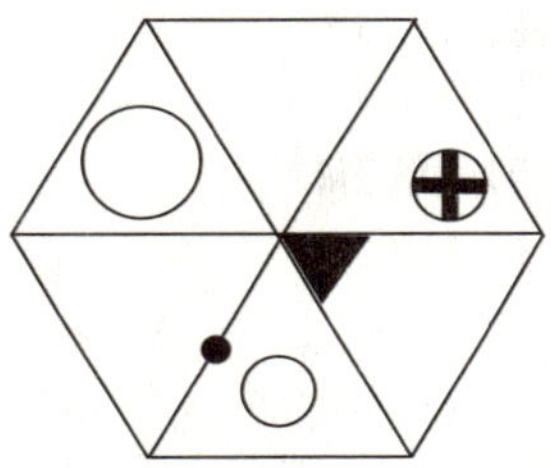

A

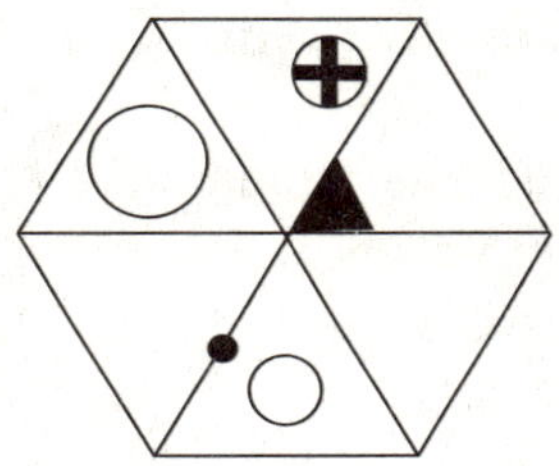

B

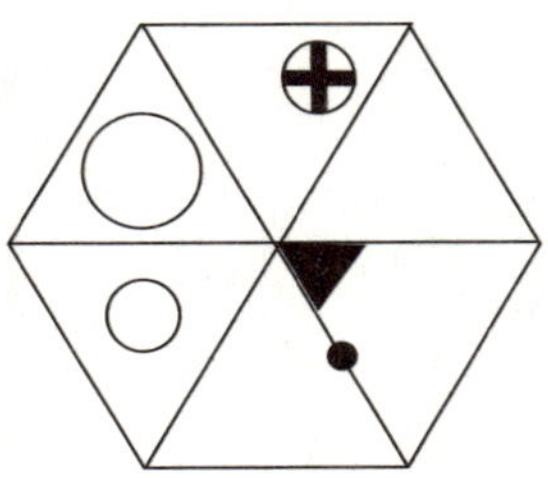

C

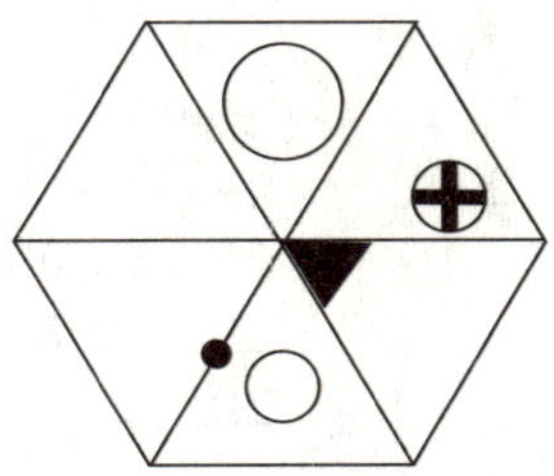

D

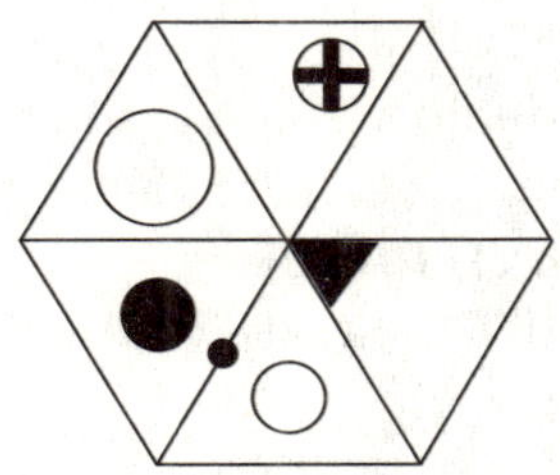

E

TEST 7

Lösungen

1. **A**
2. **E** es ist unmöglich; nach der Hälfte der Strecke ist die Zeit um, die bei einer Durchschnittsgeschwindigkeit von 50 km/h für die Gesamtstrecke benötigt würde.
3. PATRIARCH
4. Unisono
5. **A** Sowohl in horizontaler als auch in vertikaler Richtung werden die letzten Quadrate durch die beiden vorigen bestimmt. Linien, die in beiden Quadraten enthalten sind, werden nicht in das dritte Quadrat übertragen.
6. 6887 Kehren Sie die Reihenfolge der letzten drei Ziffern der vorhergehenden Zahl um und addieren Sie, also: 6493 + 394 = 6887.
7. unantastbar, heilig
8. **D** $3\,^3/_5$. $^3/_5 \div {}^1/_6 = {}^3/_5 \times 6 = {}^{18}/_5 = 3\,^3/_5$
9. **D** THECHART = Thatcher. Die Namen der Präsidenten lauten Truman (ANTRUM), Lincoln (ILLCONN), Kennedy (DENYKEN), Carter (TERARC).
10. ARBEITEN, SCHUFTEN
11. WOHL
12. Glockenturm. Der einzige Ort, der sich oberhalb des Hauptgebäudes befindet.
13. **D** Die untere Figur (in diesem Fall das Dreieck) wird umgedreht, wächst und umgibt dann die anderen beiden Figuren. Die Raute dreht sich um 90°, wird kleiner und wandert in das Quadrat.
14. **B** 120; 15 x 8
15. 12; $^{12}/_4 \times {}^9/_3 = 9$; $^{16}/_8 \times {}^{10}/_5 = 4$; $^{18}/_6 \times {}^{12}/_3 = 12$
16. **E** Alle anderen sind auch als Spiegelbilder vorhanden.
17. KOSENAME
18. ZAUN
19. GOLF
20. $12\,^1/_4$; es existieren zwei Serien: $7, 8\,^3/_4, 10\,^1/_2, 12\,^1/_4\ (+1\,^3/_4)$; $15, 9\,^3/_4, 4\,^1/_2, -^3/_4\ (-5\,^1/_4)$
21. **B** ROTTE
22. **A**
23. TANKER
24. OUTPUT
25. 27; $\frac{144}{12} \times \frac{8}{4} = 24$; $\frac{63}{9} \times \frac{8}{2} = 28$; $\frac{81}{9} \times \frac{6}{2} = 27$
26. **F**
27. DAMPF
28. DICKICHT, GESTRÜPP
29. REIF
30. **E**

TEST 8

Aufgaben

1. Setzen Sie die fehlende Figur ein.

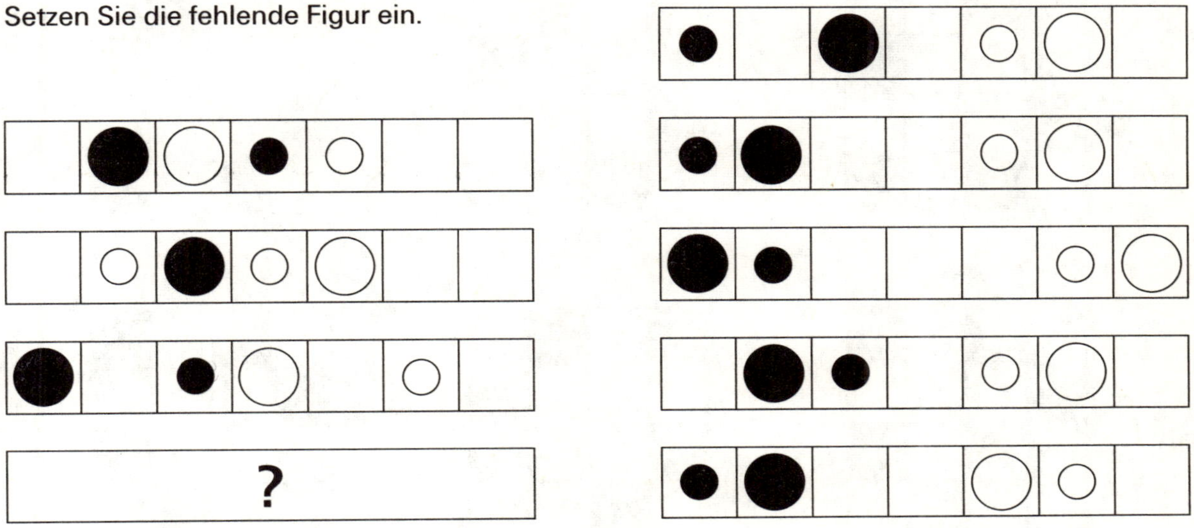

2. Hinter welcher Zeile verbirgt sich keine Hauptstadt?

A TEHAN
B BOMLOOC
C DILNUB
D GANDNEL
E KASIONI

Welche Zahl ersetzt das Fragezeichen?

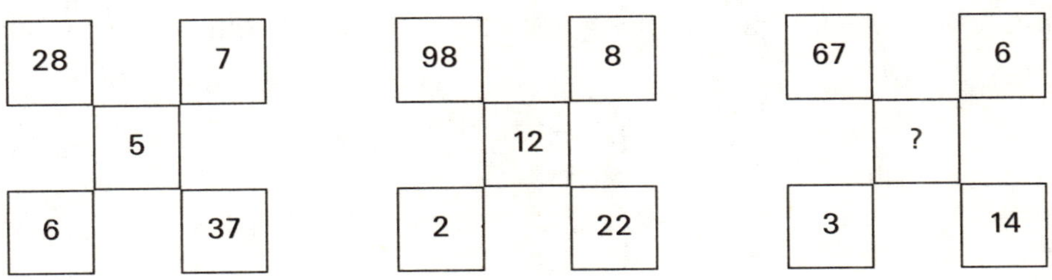

A 9 **B** 10 **C** 11 **D** 12 **E** 13

4. Welche beiden Worte haben gegenteilige Bedeutung?

unmittelbar, ausgezeichnet, blaß, alt, überhöht, fair

5. Welche Figur paßt nicht zu den anderen?

A

B
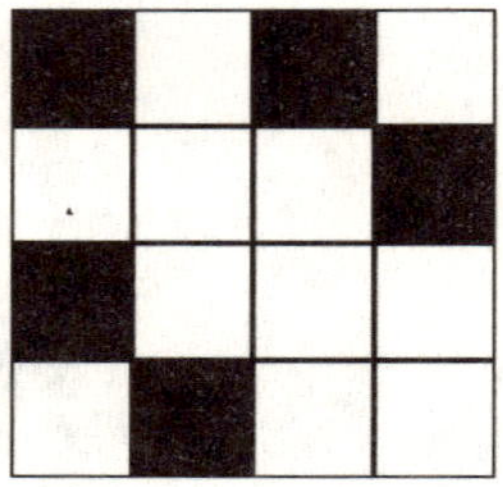

C

D

E

F

6. 4224 : 74
1848 : 38

Welches Zahlenpaar drückt dasselbe Verhältnis aus wie die beiden oben?

A 3624 : 66
B 3656 : 76
C 3818 : 63
D 1224 : 23
E 5412 : 92

7. Vervollständigen Sie die Worte, so daß sich von oben nach unten gelesen in Klammern ein „Tiername" ergibt?

TO (_)
BO (_)
KI (_)
EI (_)
OD (_)
SI (_)

8.

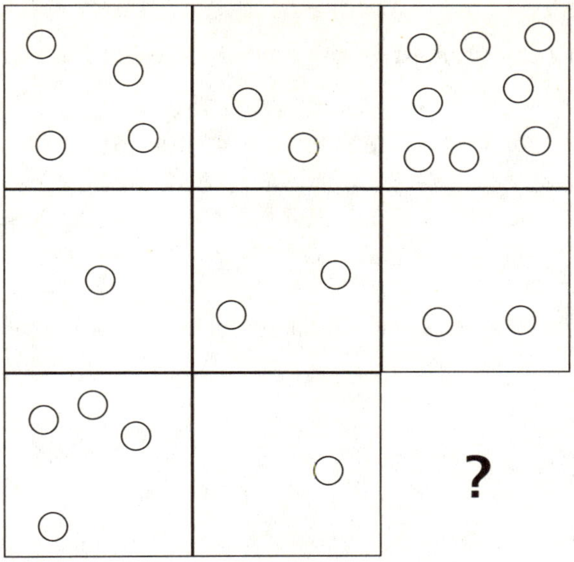

Setzen Sie das fehlende Teil ein.

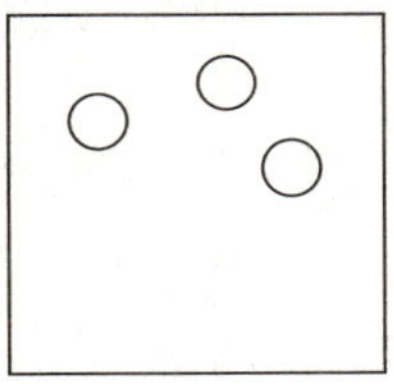

A

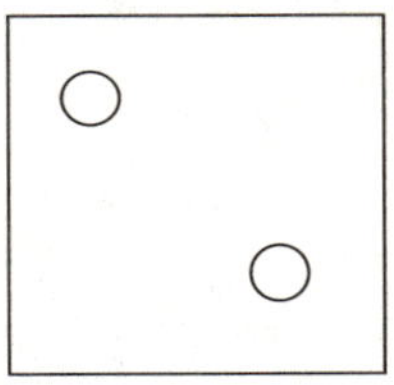

B

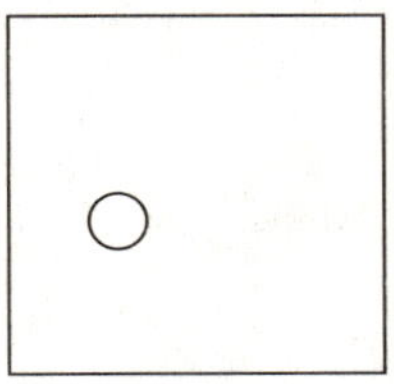

C

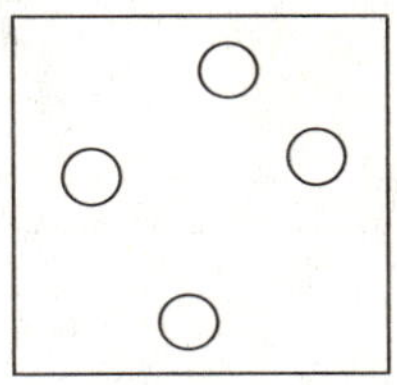

D

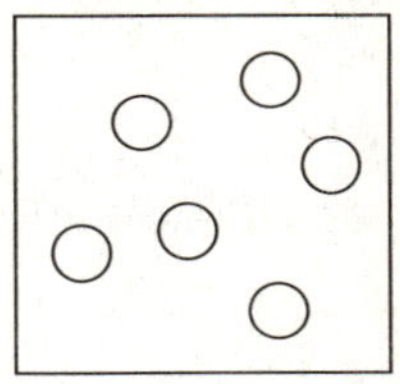

E

9. Setzen Sie die fehlende Zahl ein.

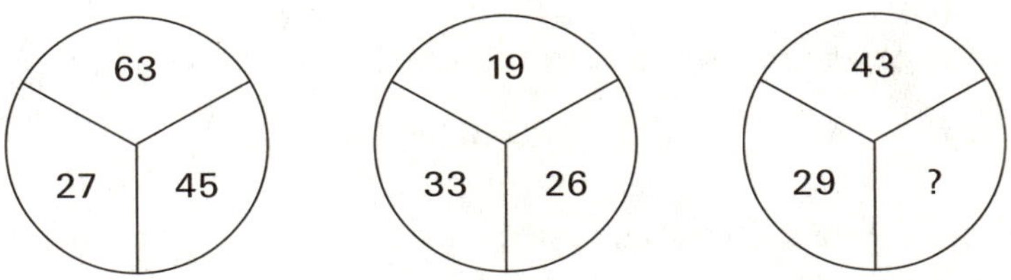

10. Welcher Mädchenname verbirgt sich hinter

HAARNIKTA ?

11. Setzen Sie das Wort in Klammern, das dieselbe Bedeutung hat wie die Worte außerhalb der Klammern.

VOGEL (. . . .) BERÜHMTHEIT

12. 7219 : 7938 : 8676
Welche der folgenden Zahlenreihen drückt dasselbe Verhältnis aus wie die oben angegebene?

A 4318 : 4712 : 5099
B 4216 : 4632 : 5064
C 7684 : 7832 : 8009
D 2871 : 3004 : 4100
E 9210 : 9417 : 9988

13. Setzen Sie die fehlenden Buchstaben ein. Die Worte sind Antonyme und im Uhrzeigersinn zu lesen.

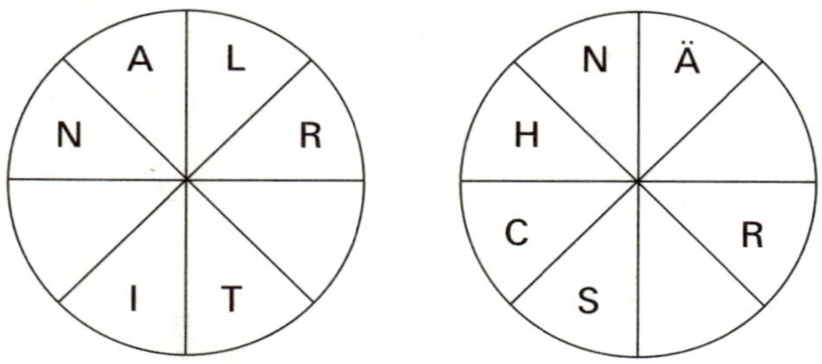

14. Welcher Begriff paßt nicht zu den anderen?

Rüde, Bock, Reh, Rammler, Bulle

15. Welches der Worte in Klammern bedeutet dasselbe wie das Wort vor der Klammer?

WÜRDIGUNG (Erklärung, Präsentation, Parodie, Lobrede, Konkordat)

16. Setzen Sie drei Buchstabenpaare so zusammen, daß sich ein „Heißgetränk" ergibt.

NS TE PU BI KA CH

17. Setzen Sie das Wort in Klammern, das sowohl an das erste angehängt als auch vor das zweite gesetzt, neue Begriffe bildet.

SCHWER (. . . . .) WERK

18. Setzen Sie das Wort in Klammern, das dieselbe Bedeutung hat wie die Worte außerhalb der Klammern.

STRUNK (....) MATT

19. Setzen Sie die Zahlenfolge fort.

19, 23, 29, 31, 37, ?

20.

Dies

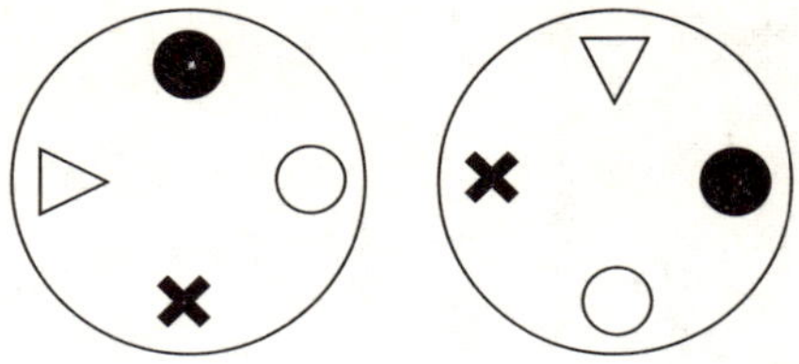

verhält sich zu

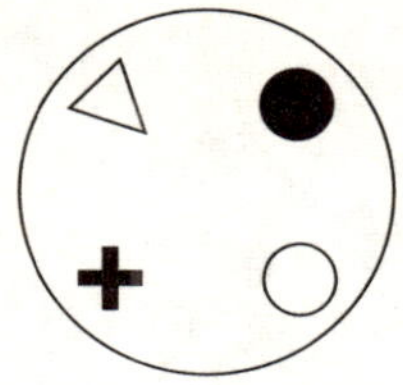

wie

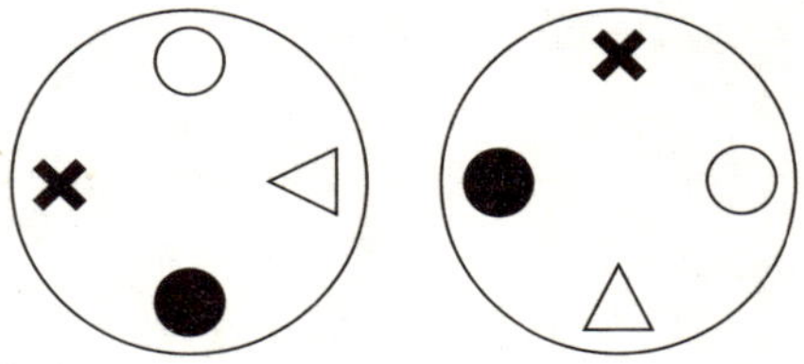

zu

?

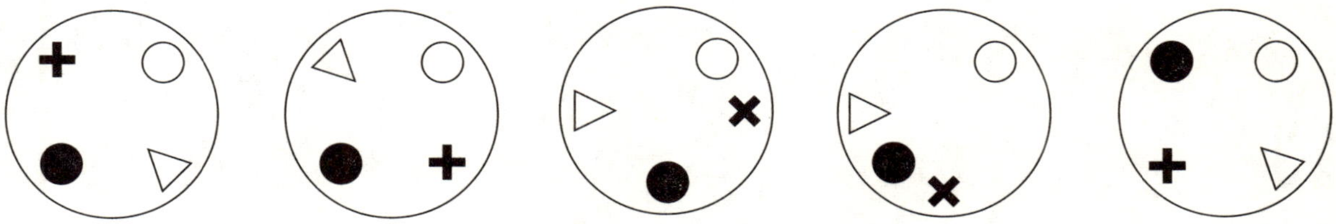

A **B** **C** **D** **E**

21. Welche Zahl ersetzt das Fragezeichen?

12; –45; **?**; –632,8125

22. Wie nennt man eine Gruppe Schnepfen?

A VOLK
B KANZEL
C FOLGE
D KASTE
E ZUG

23. Welches Wort verbirgt sich hinter

TINA OPEL?

24. Setzen Sie die fehlenden Buchstaben ein. Die Worte sind Synonyme.

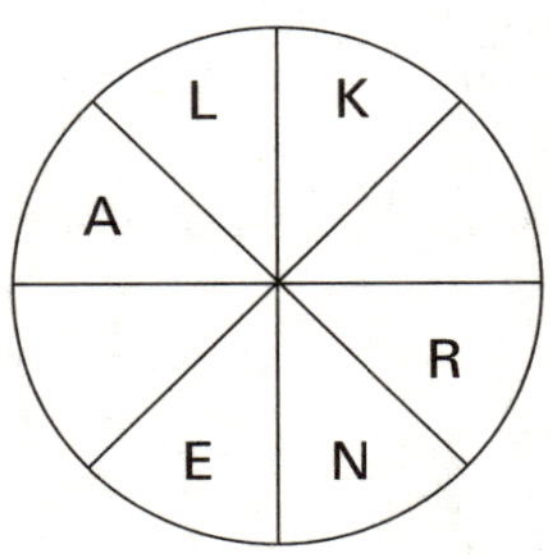

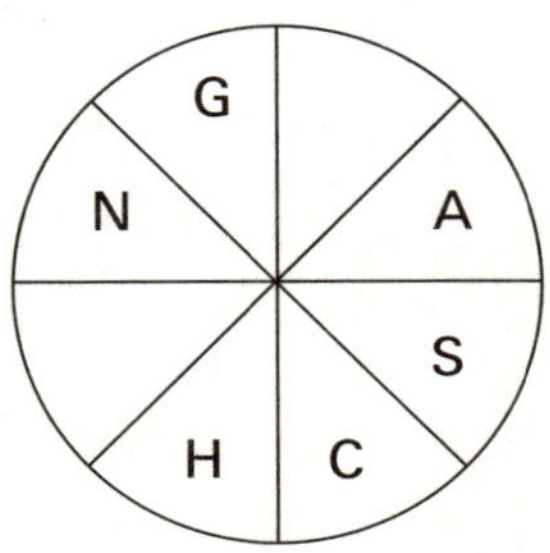

25. Welches Element setzt die Reihe logisch fort?

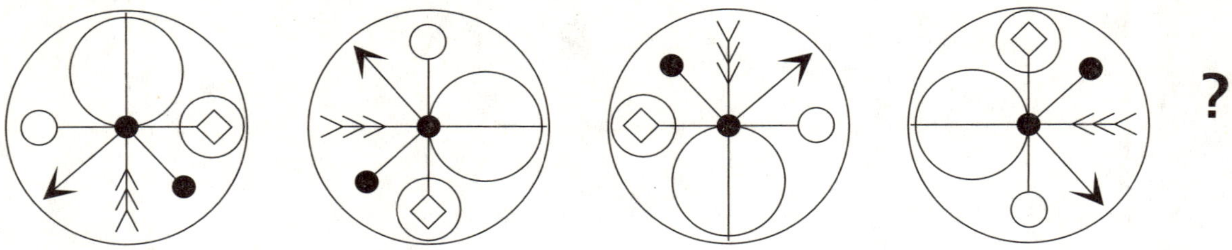

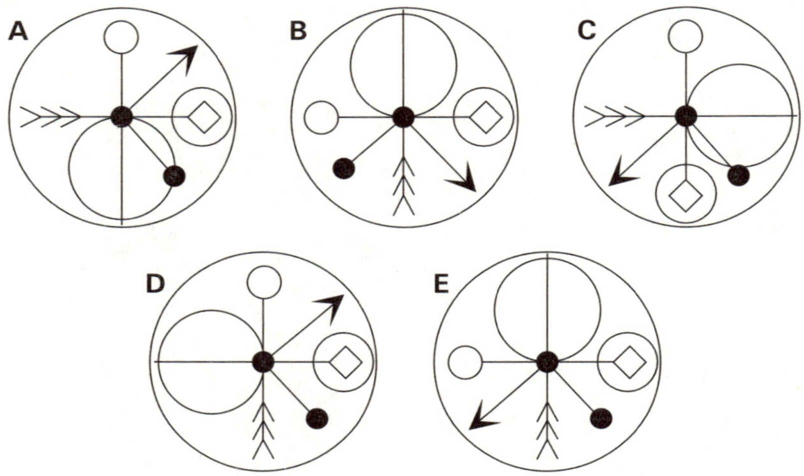

26. Setzen Sie zwei Buchstabengruppen so zusammen, daß sich eine Schafrasse ergibt.

SCH INO HEI DNO MER BRE NUC

27. Setzen Sie die fehlende Zahl ein.

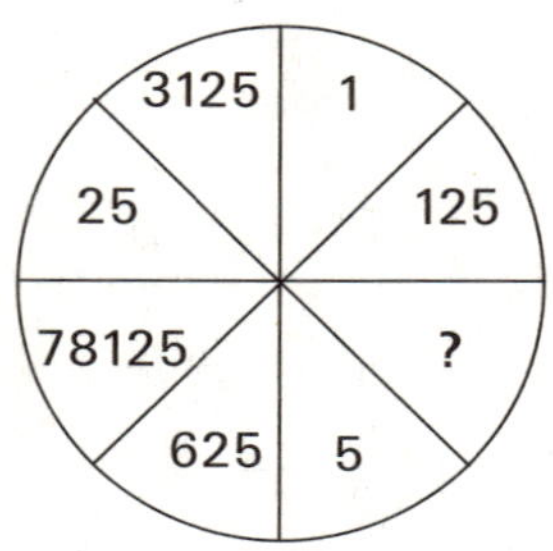

28. Bilden Sie aus den vier Buchstaben ein Wort mit sechs Buchstaben.
VS
LA

29. Was ist ein TIRO?

- **A** ein Vogel
- **B** ein Repräsentant
- **C** ein Magnat
- **D** ein Novize
- **E** eine Sammlung

30. GITTER

In jedem der neun Felder, die mit 1A bis 3C bezeichnet sind, müssen alle Linien und Figuren enthalten sein, die in den Quadraten mit der jeweiligen Ziffer bzw. dem jeweiligen Buchstaben zu sehen sind. Das Feld 2B muß z.B. alle Linien und Symbole der Felder 2 und B enthalten. Eins der Felder erfüllt die Forderungen nicht. Welches?

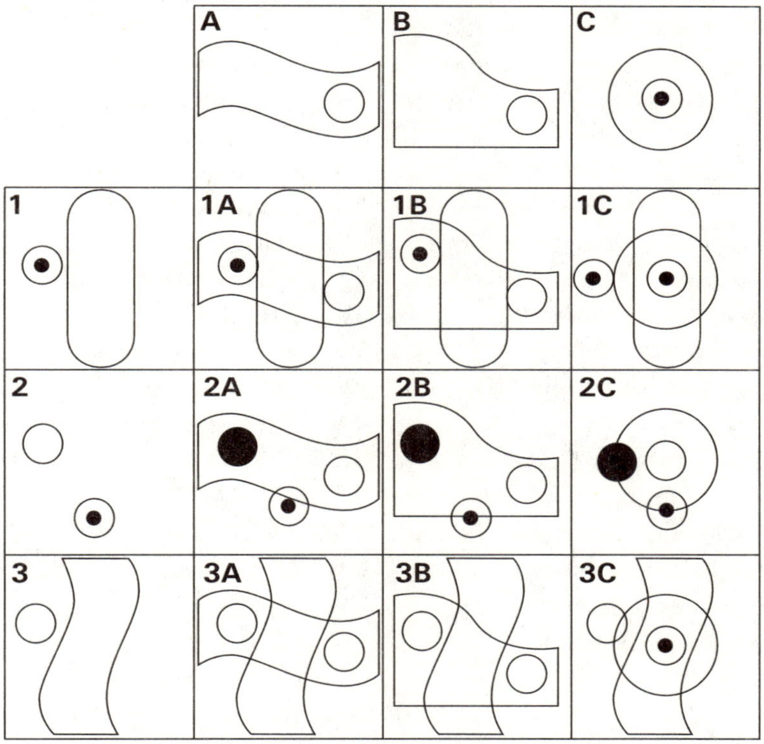

TEST 8

Lösungen

1. **B** Der größere schwarze Punkt bewegt sich ein Feld nach vorn und zwei zurück. Der kleinere schwarze Punkt bewegt sich zwei Felder zurück und ein Feld vorwärts. Der größere weiße Kreis bewegt sich zwei Schritte vorwärts und einen zurück. Der kleinere weiße Kreis bewegt sich einen Schritt vorwärts und zwei zurück.
2. **D** GANDNEL = ENGLAND. Die Hauptstädte sind: Athen (TEHAN); Colombo (BOMLOOC); Dublin (DILNUB); Nikosia (KASIONI).
3. **A** 9 (67 + 14) ÷ (6 + 3) = 9
4. überhöht, fair
5. **B** Es ist die einzige Figur, die weder vertikal noch horizontal das Spiegelbild einer der benachbarten Figuren darstellt.
6. **E** 5412 : 92; 54 ÷ 6 = 9; 12 ÷ 6 = 2
7. MARDER; durch: TOM; BOA; KIR; EID; ODE; SIR.
8. **D** Von links nach rechts wird die Anzahl der Kreise in den ersten beiden Feldern multipliziert, um die Zahl des dritten Feldes zu ermitteln, von oben nach unten gesehen wird die Anzahl im ersten Feld durch die im zweiten Feld geteilt.
9. 36 (43 + 29) ÷ = 36
10. KATHARINA
11. STAR
12. **B** 4216: 4632 : 5064
    Addieren Sie jede Zahl mit einer weiteren, aus der ersten, dritten und vierten Ziffer gebildeten Zahl, also:
    4216 + 416 = 4632 + 432 = 5064.
    Eine andere Lösungsmöglichkeit lautet wie folgt: Das Modell 7219 : 7938 : 8676 beinhaltet zwei Serien, nämlich 72 + 7 = 79 + 7 = 86, und 19 x 2 = 38 x 2 = 76, also 8676. Dieselbe Gesetzmäßigkeit findet sich auch in Lösung B: 42 + 4 = 46 + 4 = 50, und 16 x 2 = 32 x 2 = 64.
13. RATIONAL, NÄRRISCH
14. Reh Alle anderen Begriffe bezeichnen männliche Tiere.
15. Lobrede
16. PUNSCH
17. KRAFT
18. STUMPF
19. 41 die Folge besteht aus Primzahlen.
20. **A**
21. 168,75 (x -3,75)
22. **E** ZUG
23. ANTILOPE
24. KARNEVAL, FASCHING
    E
26. MERINO
    15625; Die Zahlen werden in aufsteigender Reihenfolge mit 5 multipliziert, also: 3125 x 5 = 15625, was wiederum x 5 = 78125 ergibt.
28. VASALL
29. **D** ein Novize
30. 2C

TEST 9

Aufgaben

1.

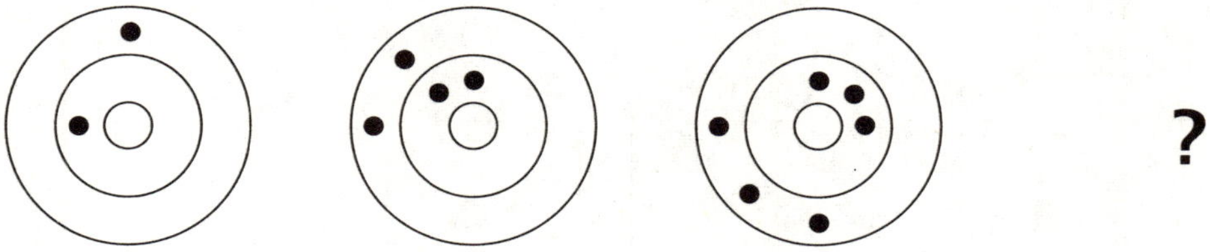

Setzen Sie die Reihe logisch fort.

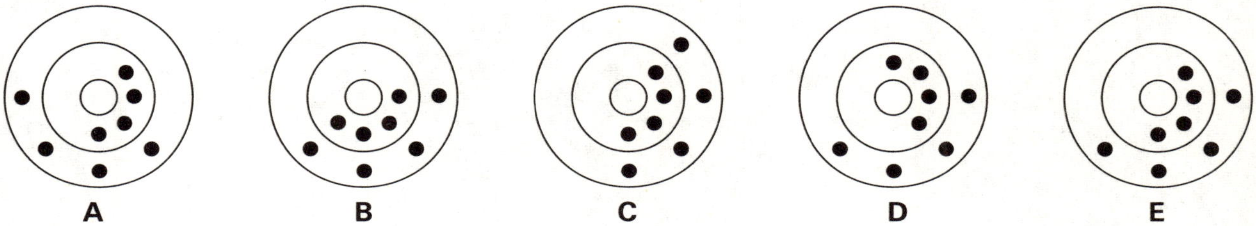

2. Setzen Sie die fehlenden Buchstaben ein. Die Worte sind Synonyme und im Uhrzeigersinn zu lesen.

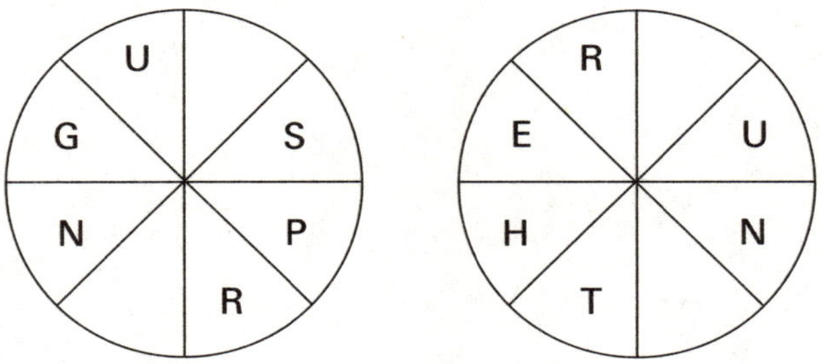

3. Ein Spiel für 14 Spieler dauert 70 Minuten. Es gibt 6 Reservespieler. Ein- bzw. Auswechslungen finden in regelmäßigen Zeitabständen statt, so daß am Ende des Spiels alle Spieler einschließlich der Ersatzspieler gleich lange auf dem Feld waren. Wie lange?

A 38 min **B** 42 min **C** 49 min
D 55 min **E** 59 min

4. Welcher Begriff verbirgt sich hier?

GNU WIRD GÜ

5. Welches Feld paßt nicht zu den anderen?

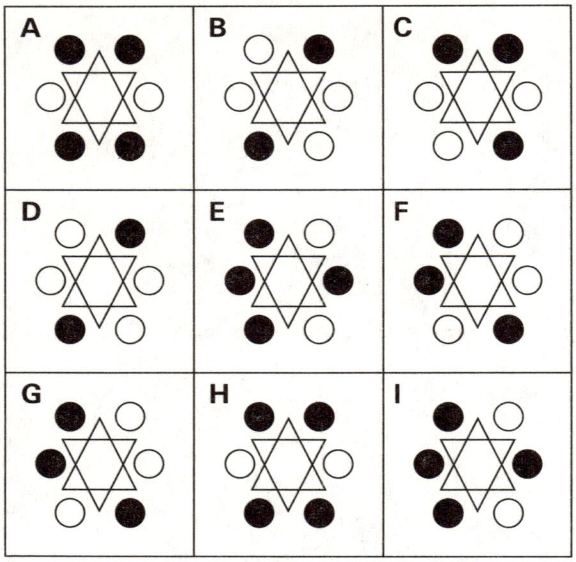

6. Welche Zahl ersetzt das Fragezeichen?

18	6	15	9
13	11	7	17
5	19	?	3
16	8	14	10

7. DREIECK : GLEICHSCHENKLIG

Welches der folgenden Wortpaare drückt dasselbe Verhältnis aus wie das in Großbuchstaben?

A Rechteck : Quadrat
B Fünfeck : Sechseck
C Kreis : Durchmesser
D Raute : Vieleck
E Viereck : Trapezoid

8. Setzen Sie das Wort in Klammern, das dieselbe Bedeutung hat wie die Worte außerhalb der Klammer.

NACHSICHT (. . . . .) JUNGER FORSTBEZIRK

9. In welches der Quadrate A–E kann ein Punkt so eingesetzt werden, daß er auf dieselben Bedingungen trifft wie im Quadrat links?

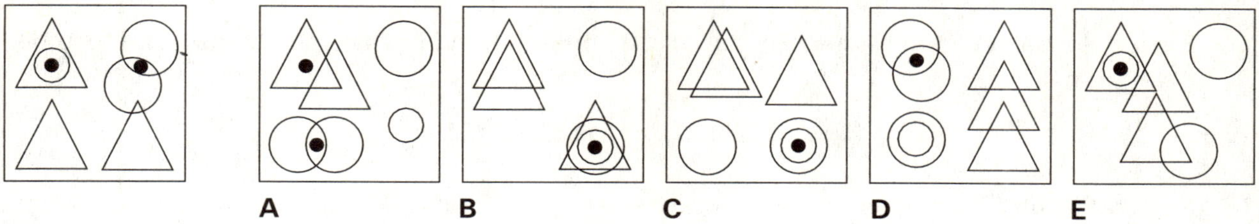

10. Welche Zahl ersetzt das Fragezeichen?

		31	
	22		42
13			
	?		

11. Welcher Begriff paßt nicht zu den anderen?

Laub, Eisen, Motor, Heu, Bügel

12. Welche beiden Begriffe sind bedeutungsverwandt?

Beifall, Klischee, Outfit, Podium, Tafel, Platitüde

13. Setzen Sie die Reihe fort.

0,25; 0,3; 0,4; 0,55; ?

14. Hinter welcher Zeile verbirgt sich kein Land?

A LIVE IN BO
B RAUKEDO
C PIKASSCH
D DINFLANN
E IREAGIN

15. Welches in Klammern stehende Wort bedeutet das Gegenteil von dem vor der Klammer?

INERT (tolerant, kräftig, vital, stark, indolent)

16. Setzen Sie die Folge fort.

13, 1, $10\frac{1}{2}$, $3\frac{1}{4}$, 8, $5\frac{1}{2}$, ?

17. Setzen Sie das Wort in Klammern, daß dieselbe Bedeutung hat wie die Worte außerhalb der Klammern.

VERSTAND (. . . .) GESPENST

18. Finden Sie das Wort, das sowohl an das erste angehängt als auch vor das zweite gesetzt werden kann.

KATZEN (. . . . . .) TAL

19. Welcher Begriff verbirgt sich hier?

REINDAMAN

20. Setzen Sie die Reihe fort.

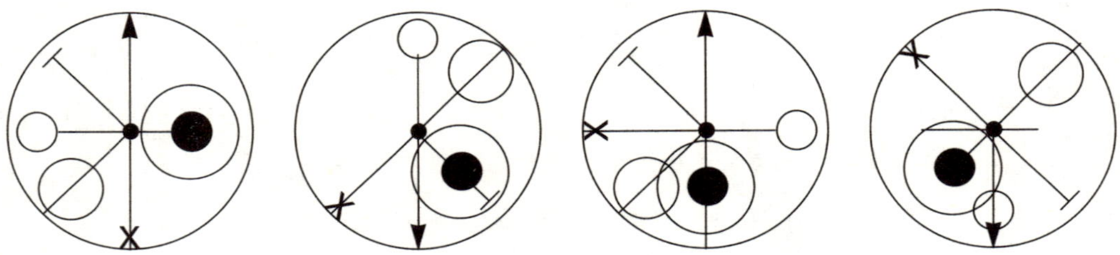

?

A

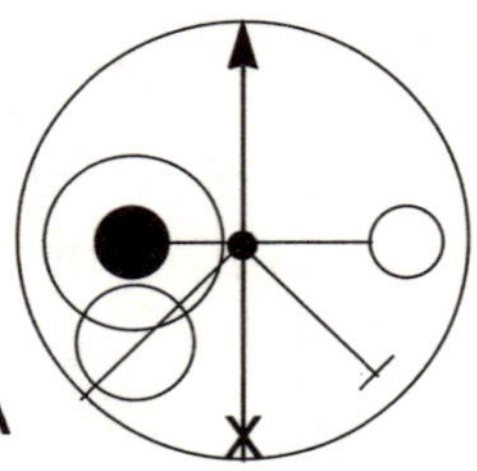

B

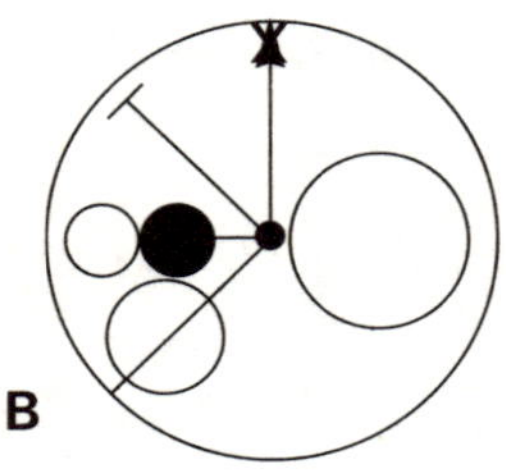

C

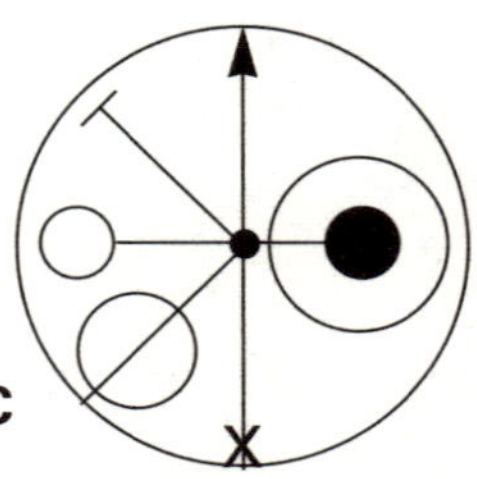

D

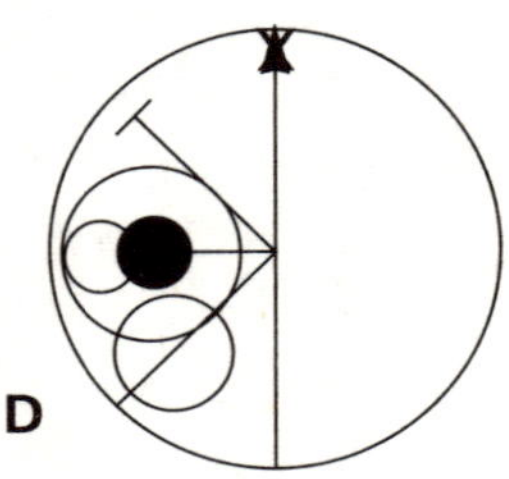

E

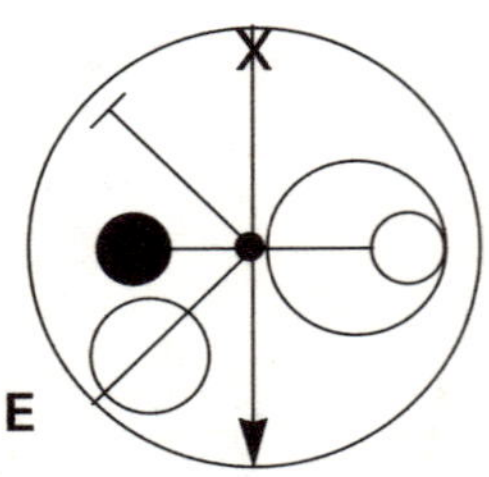

21. Setzen Sie die Reihe fort.

24, 28, 36, –42, 54, 63, ?

22. Wie nennt man eine Gruppe Fasane?

A SCHOBER
B BRUCH
C KETTE
D ARM
E GEMENGE

23. Bilden Sie aus den folgenden vier Buchstaben ein Substantiv mit sechs Buchstaben.

ET
RN

24. Setzen Sie drei Buchstabenpaare so zusammen, daß sich ein „Hirsch" ergibt.

TI DE WA RE PI KO

25. SECHSECKE

Welches Sechseck setzt die Reihe fort?

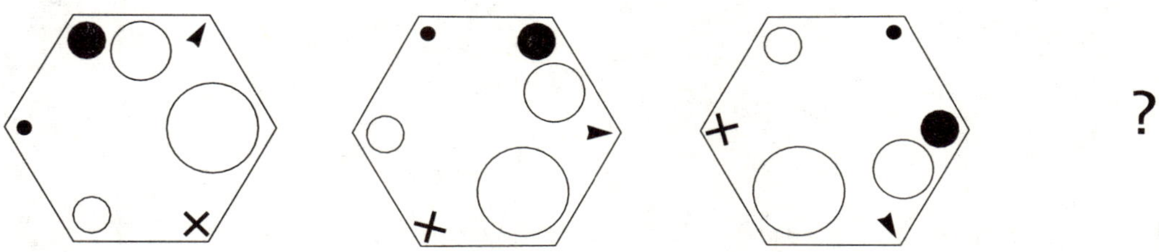

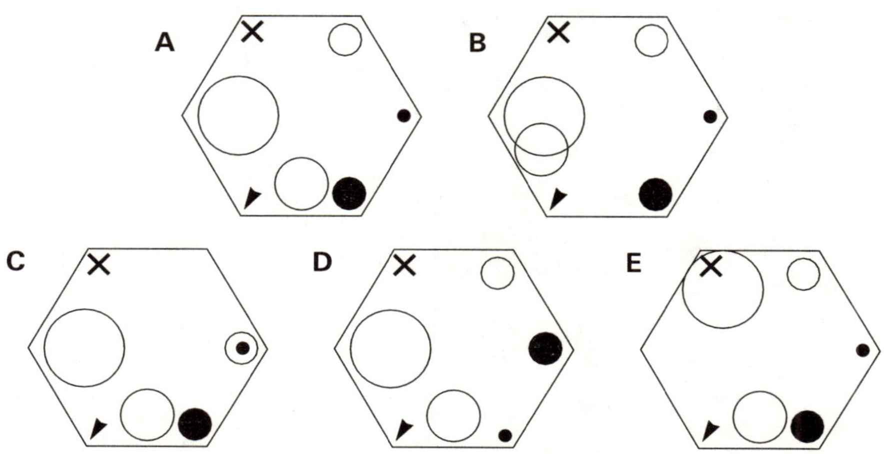

26. Welches Wort bildet mit jedem der anderen Worte neue Begriffe?

(. . . .)

. BALL
. SCHLAG
. STAND
. LAMPE
. FESSEL

27. Was ist ein FULMAR?

A ein Vogel
B ein Fisch
C ein Virus
D ein Reptil
E ein Insekt

28. Setzen Sie die fehlenden Buchstaben ein. Die Worte sind Synonyme und im Uhrzeigersinn zu lesen.

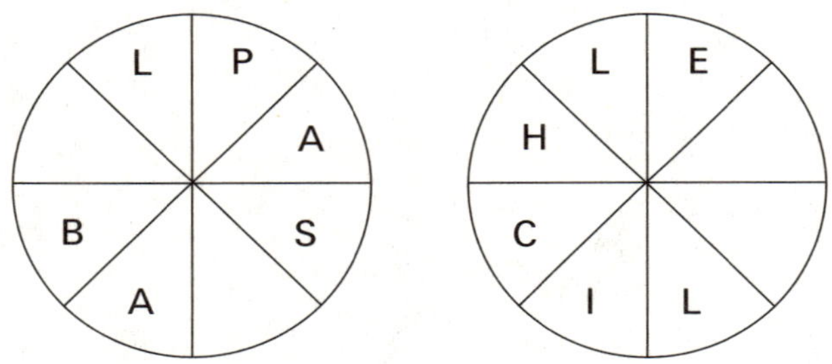

29. Verbinden Sie zwei Dreiergruppen so, daß sich ein anderes Wort für „Zittern" ergibt.

WAC, BEB, OLD, TRE, DEN, SAL, MOR

30. FIGUREN

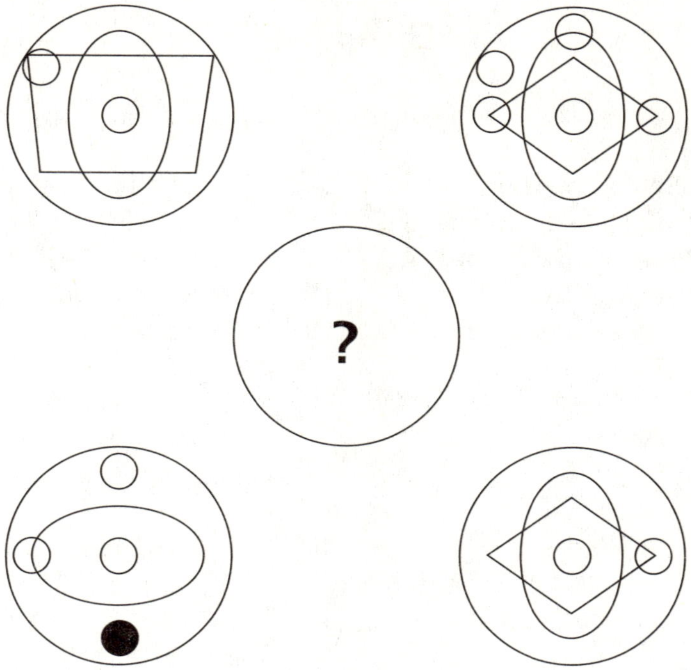

Jede Linie und jede Figur wird nach bestimmten Vorgaben in den mittleren Kreis übertragen.

Erscheint eine Linie oder eine Figur in den äußeren Kreisen

einmal:	wird sie übertragen
zweimal:	wird sie vielleicht übertragen
dreimal:	wird sie übertragen
viermal:	wird sie nicht übertragen

Welcher der Kreise A–E gehört in die Mitte des Schaubilds?

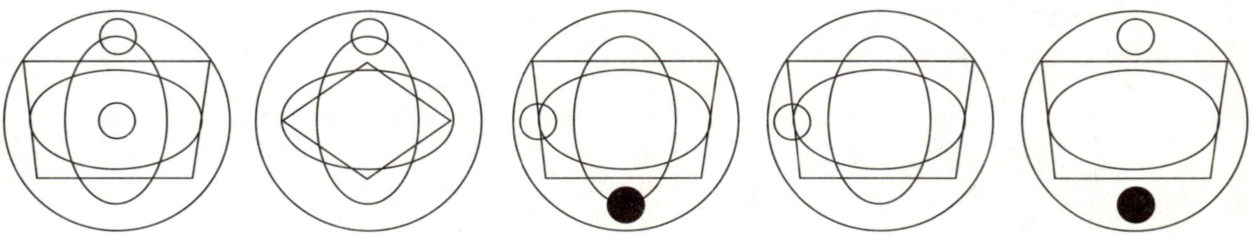

A B C D E

TEST 9

Lösungen

1. **E** Der Punkt im äußeren Kreis bewegt sich in 45°-Schritten gegen den Uhrzeigersinn, ein weiterer Punkt wird hinzugefügt. Der Punkt im inneren Kreis bewegt sich in 45°-Schritten im Uhrzeigersinn, ein weiterer Punkt wird hinzugefügt.
2. URSPRUNG, HERKUNFT
3. **C** 49 min; $\frac{70 \times 14}{20} = 49$ min
4. WÜRDIGUNG
5. **C** Alle anderen Felder sind doppelt vorhanden.
6. 21 Von links nach rechts gesehen, ergeben die erste und zweite sowie die dritte und vierte Ziffer bei Addition jeweils 24.
7. **E** Viereck: trapezoid. Gleichschenklige Dreiecke und trapezoide Vierecke sind jeweils Unterkategorien.
8. SCHONUNG
9. **B** Die Bedingungen lauten, daß sowohl das Dreieck als auch die beiden großen Kreise einen Punkt enthalten.
10. 24 Jede Zahl beschreibt ihre Position im Netz, also 24 = zweites Feld von rechts, viertes Feld von oben.
11. Heu. Beschreibt einen besonderen Typ von Gabel, die anderen beschreiben verschiedene Sägen.
12. Klischee, Platitude
13. 0,75 es wird addiert mit 0,05; 0,1; 0,15; 0,2
14. PIKASSCH = kaspisch. Die Länder sind Bolivien (LIVE IN BO), Ekuador (RAUKEDO), Finnland (DINFLANN), Nigeria (IREAGIN)
15. vital
16. $5^1/_2$ Es gibt zwei Serien: 13, $10^1/_2$, 8, $5^1/_2$, ($-2^1/_2$); 1, $3^1/_4$, $5^1/_2$, $7^3/_4$ ($+ 2^1/_4$)
17. GEIST
18. JAMMER
19. MANDARINE
20. **D**
21. 81 Es gibt zwei Serien: 24, 36, 54, 81 (x $1^1/_2$); und 28, –42, 63, $-94^1/_2$ (x$-1^1/_2$)
22. **C** KETTE
23. RENTNER
24. WAPITI
25. **A**
26. HAND
27. **A** ein Vogel
28. PASSABEL, LEIDLICH
29. TREMOR
30. **C**

TEST 10

Aufgaben

1.

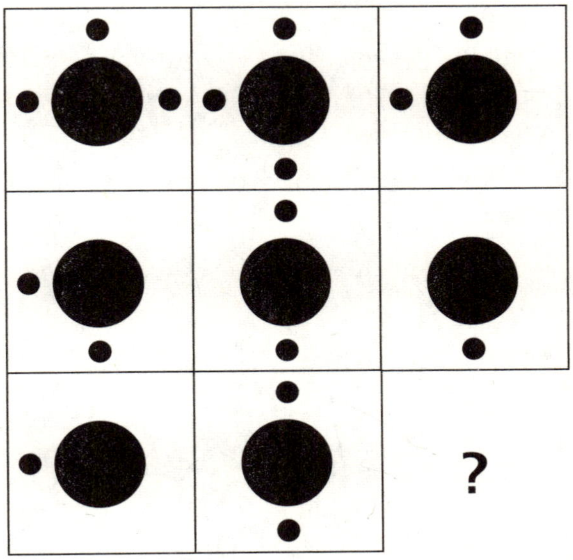

Setzen Sie das fehlende Quadrat ein.

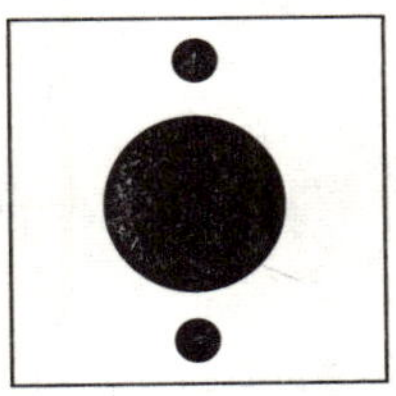

A

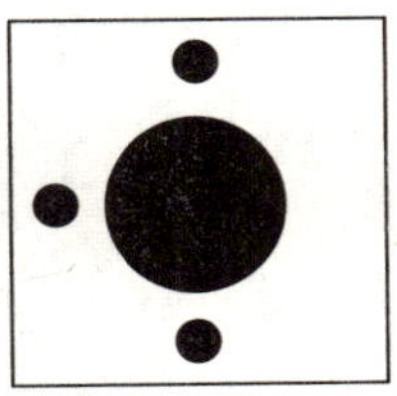

B

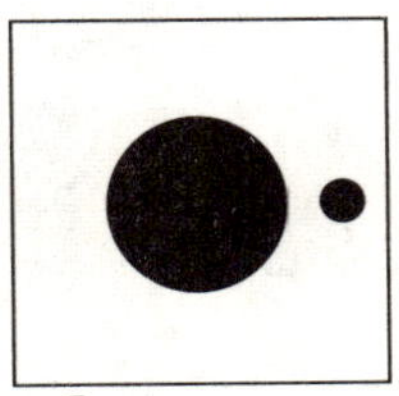

C

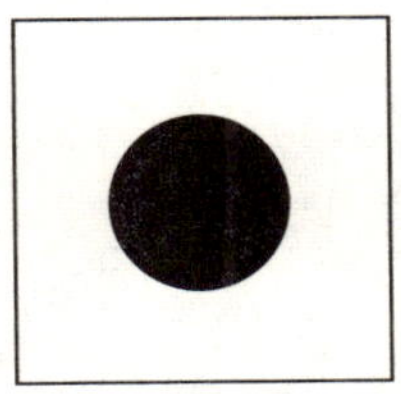

D

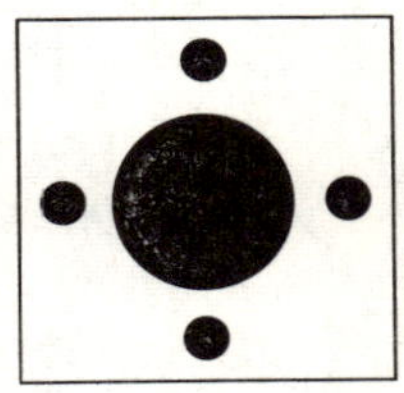

E

2. Hinter welcher der folgenden Zeilen verbirgt sich keine Art von Gebäude?

A EGODAP
B USEMUM
C GERAAG
D RRETTICH
E MEPELT

3. Setzen Sie die fehlende Zahl ein.

42	15	14
56	35	8
36	?	4

4. Zwei der Worte haben gegenteilige Bedeutung. Welche?

Stärke, Bescheidenheit, Bedrohung, Kontrolle, Stimmung, Dünkel

5. **A B C D E F G H**

Welcher Buchstabe steht drei Stellen rechts von dem, der direkt links neben dem, der zwei Stellen rechts vom Buchstaben B steht?

6.

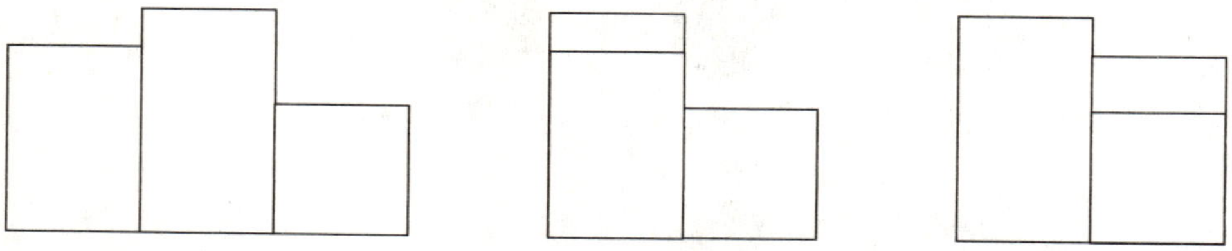

Setzen Sie die Sequenz fort.

A
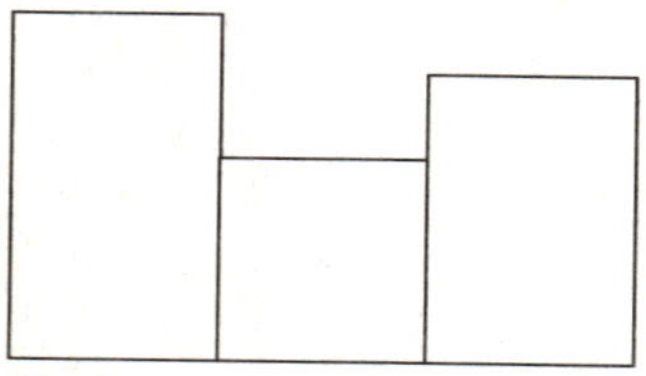

B
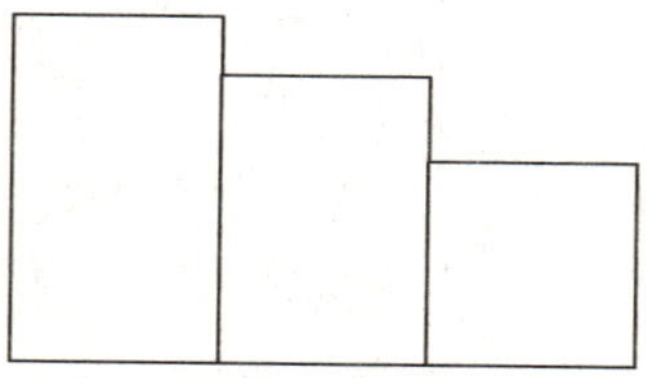

C
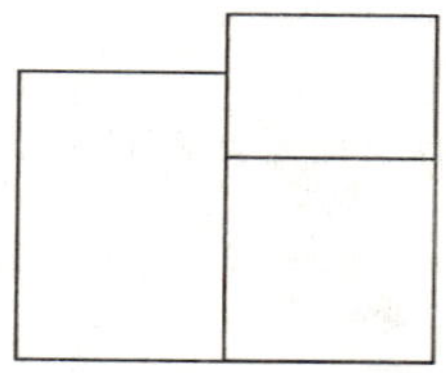

D
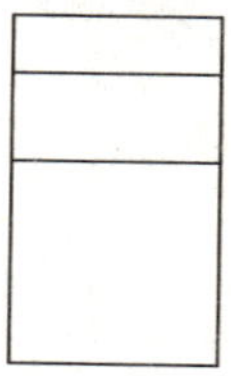

E
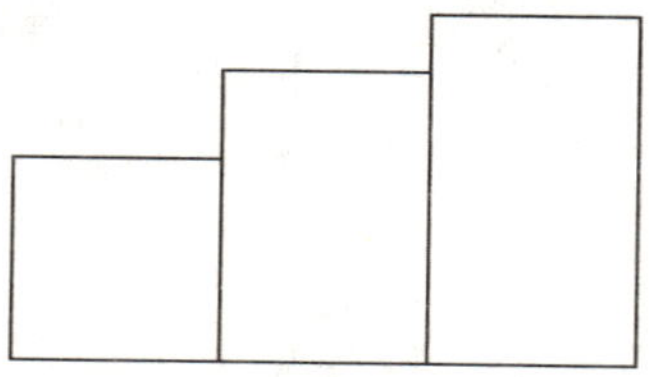

7. Setzen Sie die fehlenden Buchstaben ein. Die Worte sind Antonyme.

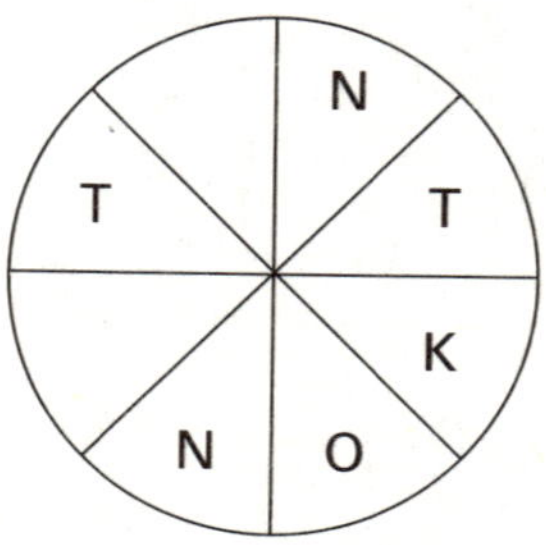

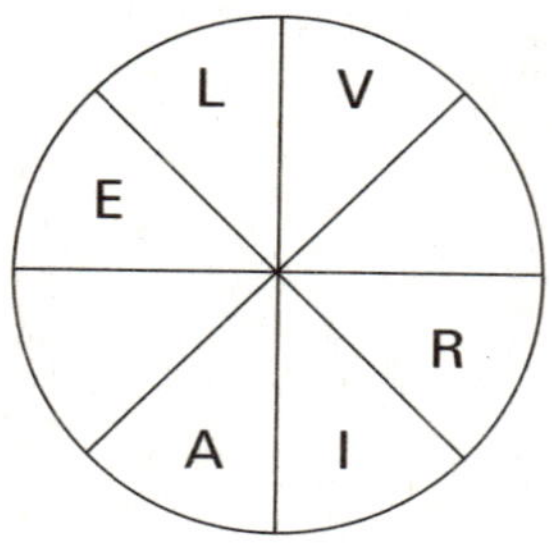

8. 78214, 57498, 37490, ?

Welche Zahl muß folgen?

A 18742 **B** 22470 **C** 26890 **D** 42628 **E** 46832

9. HANNA T ist ein Anagramm welches männlichen Vornamens?

10. Welches der Worte in Klammern liegt seiner Bedeutung nach dem Wort in Großbuchstaben am nächsten?

AUSSAGE (Rede, Erklärung, Vollmacht, Entscheidung, Beiname)

11. Welches Schaubild paßt nicht zu den anderen?

A

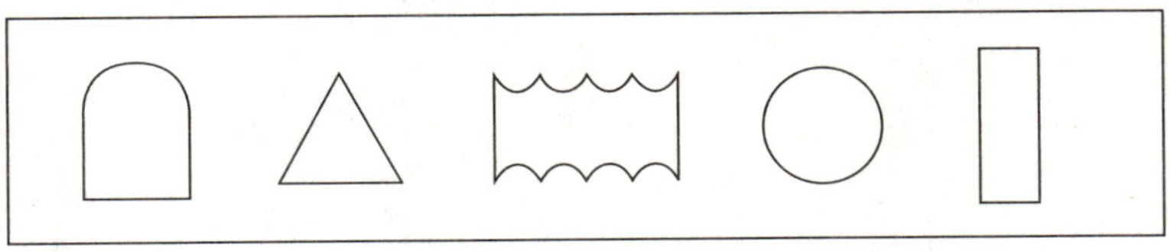

B

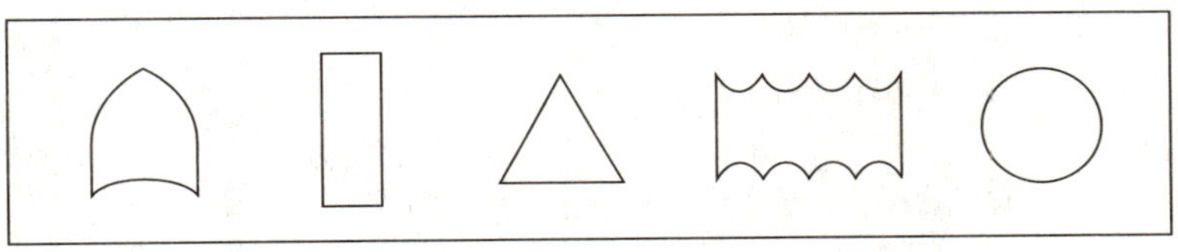

C

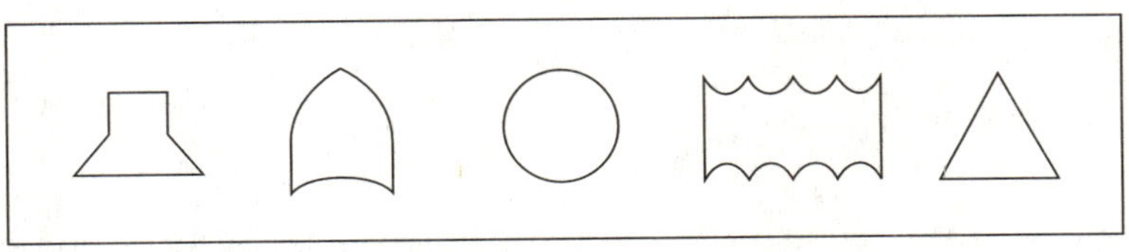

D

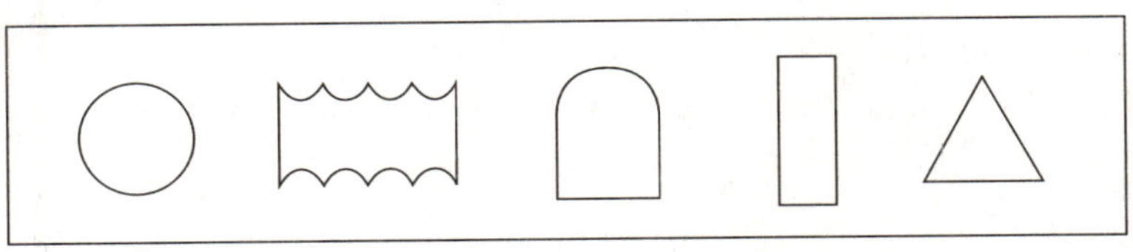

E

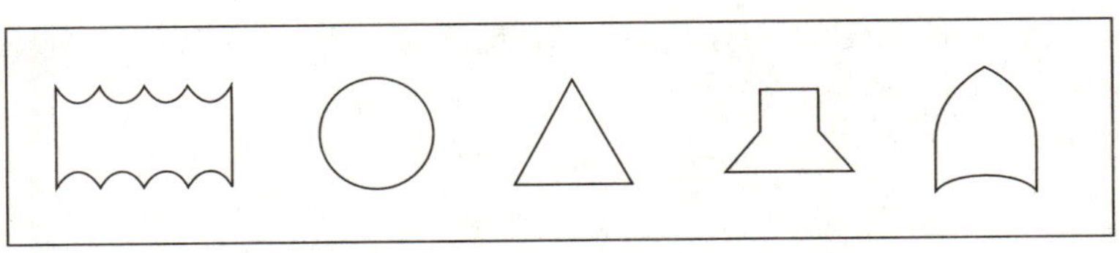

12. 486542 verhält sich zu 395633 wie sich 748356 verhält zu ?

A 659447
B 839467
C 839265
D 657447
E 932146

13. Setzen Sie das Wort in Klammern, das dieselbe Bedeutung hat wie die Worte außerhalb der Klammern.

FADENSCHLEIFE (. . . . . .) KUNSTGRIFF

14. Welcher Begriff paßt nicht zu den anderen?

Hund, Huhn, Wal, Antilope, Känguruh

15. 5476 : 74

Welches der folgenden Zahlenpaare drückt dasselbe Verhältnis aus?

A 3812 : 23
B 5419 : 59
C 7225 : 85
D 3821 : 64
E 8569 : 92

16. Welches Wort verbirgt sich hier?

UNTERNASE

17. Setzen Sie ein Wort in Klammern, das dieselbe Bedeutung hat wie die Worte außerhalb der Klammern.

GRASFLÄCHE (. . . . .) TOBEN

18. Setzen Sie die Reihe fort.

1, 12 $3^1/_2$, $9^1/_2$, 6, 7, ?

19. Setzen Sie ein Wort ein, das sowohl an das erste angefügt als auch vor das zweite gesetzt neue Begriffe bildet.

ALT (. . . . . .) TIGER

20. Welche Figur paßt nicht zu den anderen?

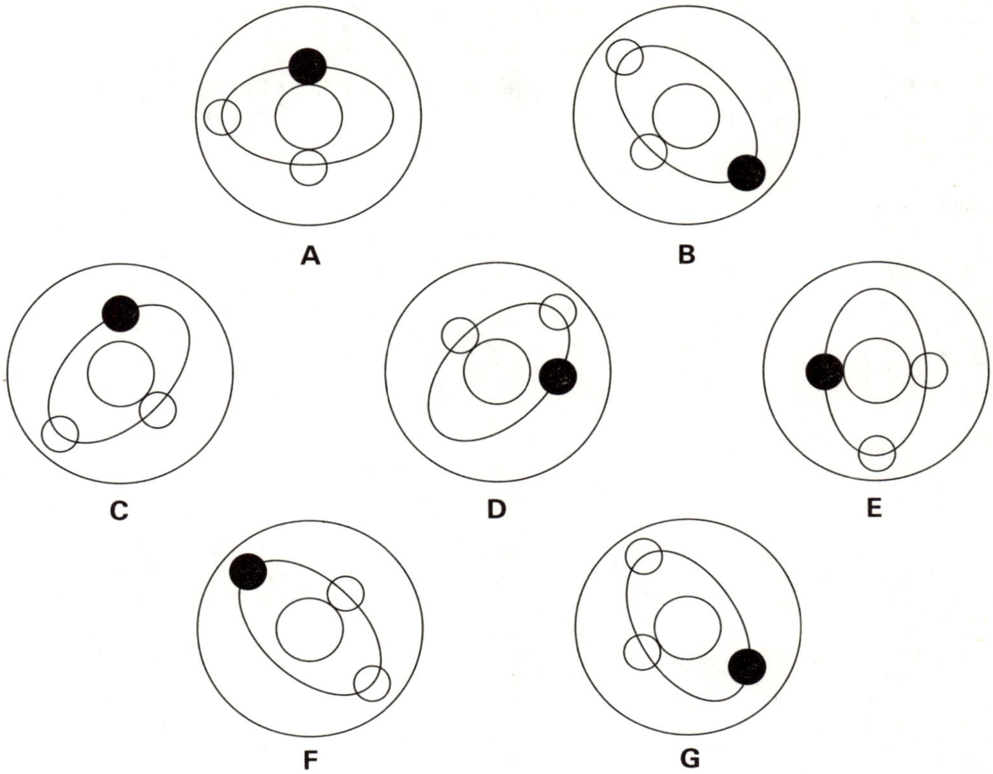

21. Welcher Begriff paßt nicht zu den anderen?

A KAFFEE
B KLAMOTTEN
C MAUSOLEUM
D MAXIMUM
E BEULE

22. Wie nennt man eine Gruppe Rebhühner?

A KOLONNE
B KOMPANIE
C STAND
D ORGANISATION
E CAMPUS

23. Setzen Sie drei Buchstabenpaare so zusammen, daß sich „weißer Ton“ ergibt.

OL DI KA NO IN SP

24. Bilden Sie ein Wort mit sechs Buchstaben aus diesen vier Buchstaben.

EFSL

25. SECHSECKE

Welches Sechseck muß eingesetzt werden?

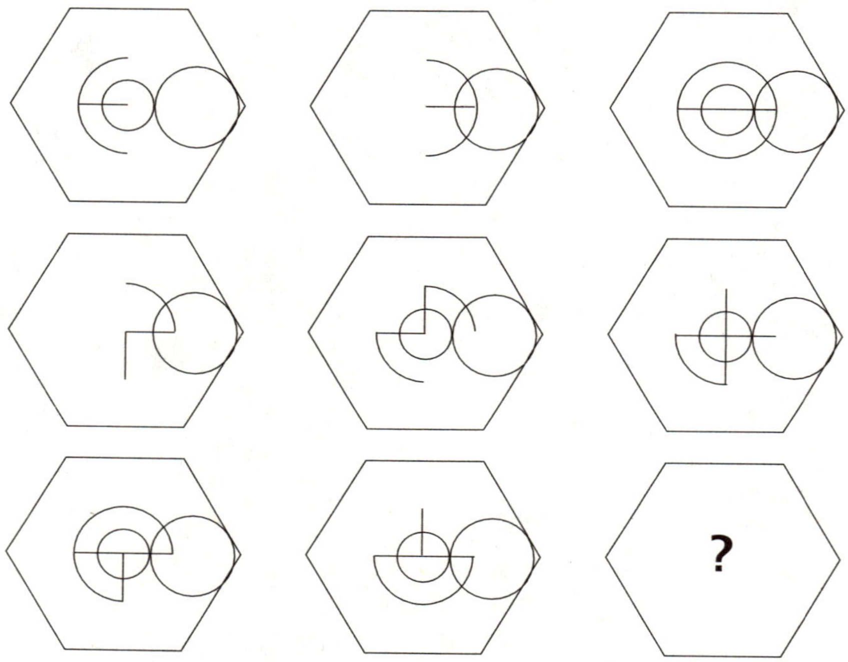

A

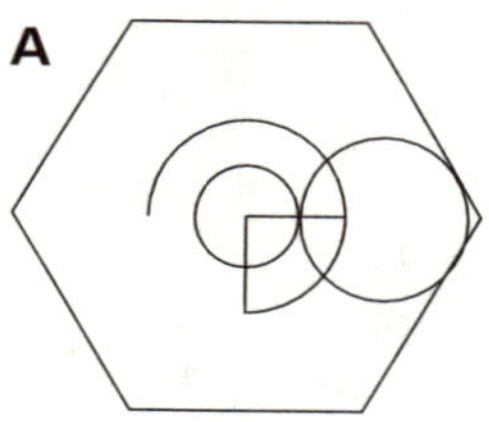

B

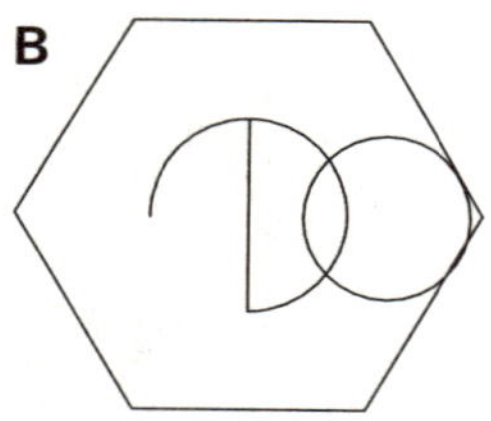

C

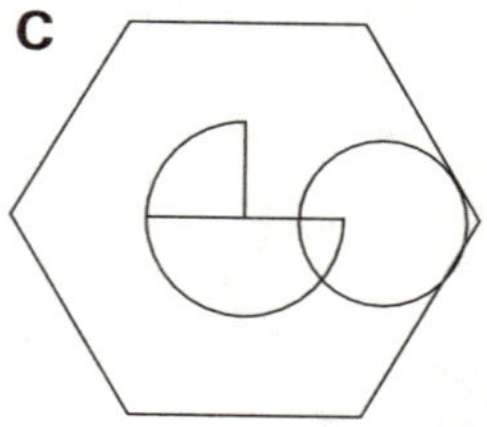

D

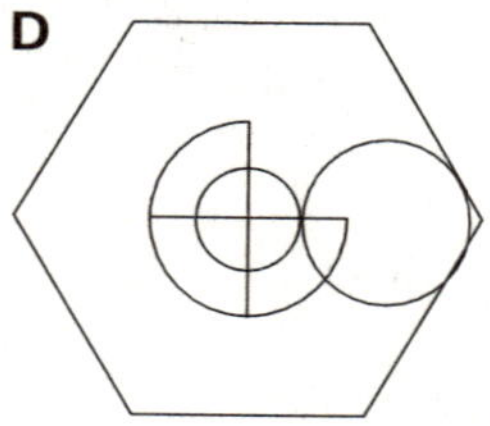

E

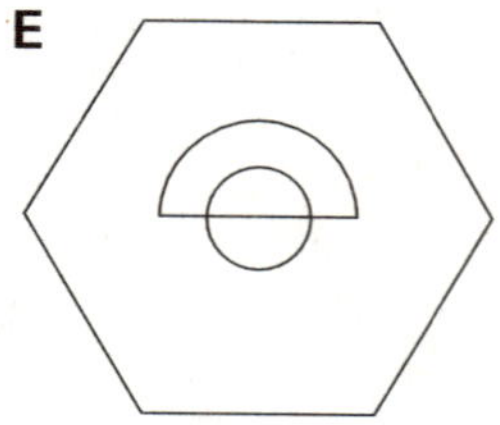

26. Welche Ziffer ersetzt das Fragezeichen?

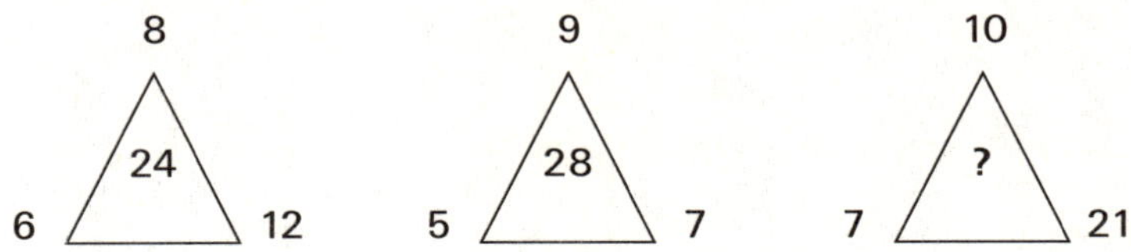

27. Setzen Sie die fehlenden Buchstaben ein. Die Worte sind Synonyme.

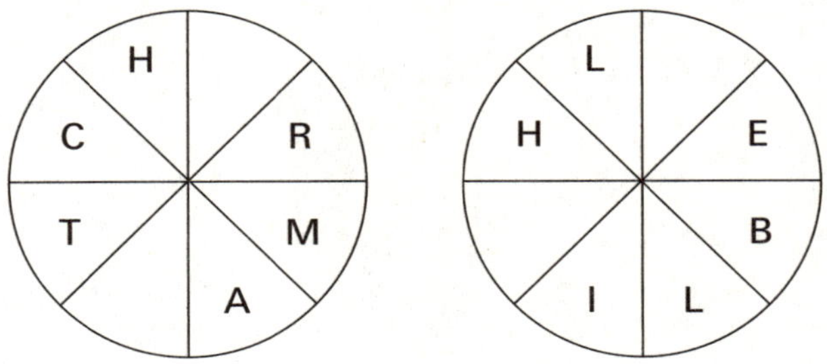

28. Welches Wort bildet mit allen anderen neue Begriffe?

(. . . . .)

FLECK
HIEB
SAUER
WERK
SCHWAMM

29. Wie nennt man eine Gruppe Wildtauben?

A SONETT
B HARKE
C FLUG
D NONE
E REISER

30. FIGUREN

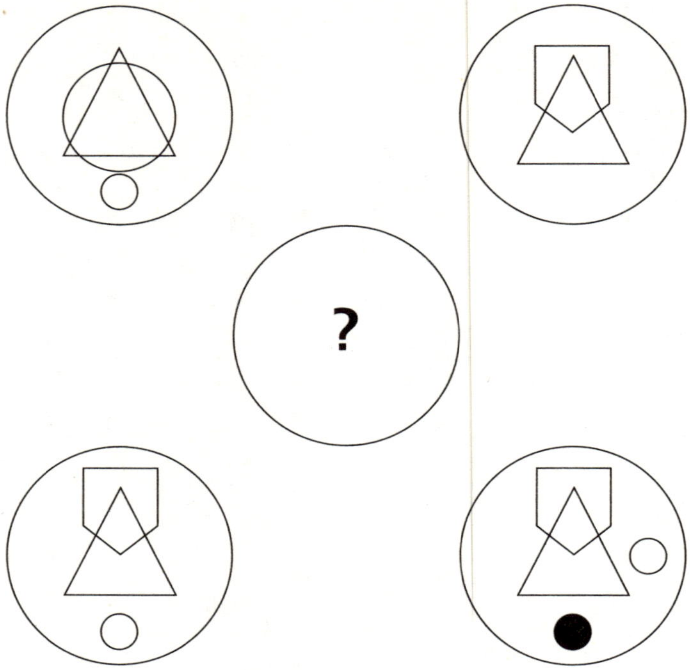

Jede Linie und jede Figur wird nach bestimmten Vorgaben in den mittleren Kreis übertragen.

Erscheint eine Linie oder eine Figur in den äußeren Kreisen

einmal:	wird sie übertragen
zweimal:	wird sie vielleicht übertragen
dreimal:	wird sie übertragen
viermal:	wird sie nicht übertragen

Welcher der Kreise A–E gehört in die Mitte des Schaubilds?

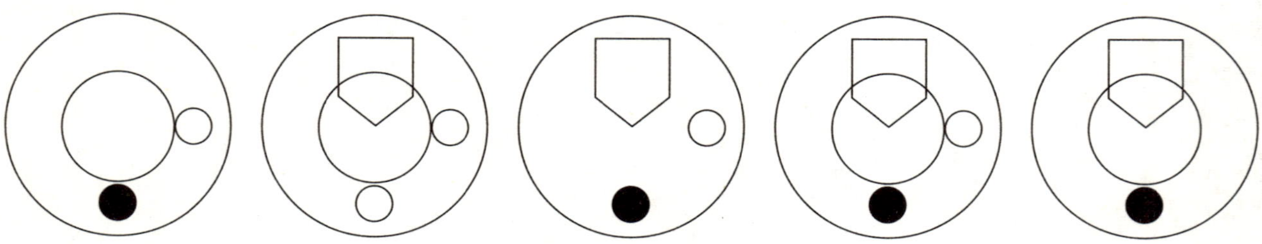

A B C D E

TEST 10

Lösungen

1. **D** Sowohl auf horizontaler wie auf vertikaler Ebene gilt: Nur die Punkte, die in den ersten beiden Feldern zu sehen sind, werden in das dritte übertragen.
2. **D** RRETTICH = Trichter. Die Namen der Gebäude lauten: Pagode (EGOPAD), Museum (USEMUM), Garage (GERAAG), Tempel (MEPELT).
3. 45 36 ÷ 4 x 5
4. Bescheidenheit, Dünkel
5. **F**
6. **A** Das mittelgroße Rechteck steht am Anfang ganz links und bewegt sich dann immer um eine stelle nach rechts.
7. KONSTANT, VARIABEL
8. **B** 22470; 3 x 7490
9. Nathan
10. Erklärung
11. **B** A und D enthalten dieselben Figuren, C und E enthalten ebenfalls dieselben Figuren.
12. **D** 657447

7	4	8	3	5	6
1 +	1 –	1 +	1 –	1 +	1
6	5	7	4	4	7

13. MASCHE
14. Huhn; im Gegensatz zu den anderen ist dies kein Säugetier.
15. 7225 : 85; 85 ist die Quadratwurzel von 7225.
16. ERSTAUNEN
17. RASEN
18. $8^1/_2$ Zwei Serien sind zu unterscheiden: 1, $3^1/_2$, 6, $8^1/_2$ ($+2^1/_2$); 12, $9^1/_2$, 7, $4^1/_2$ ($-2^1/_2$)
19. PAPIER
20. **D**
21. MAXIMUM. Alle anderen Worte enthalten Tiernamen.
22. **B** KOMPANIE
23. KAOLIN
24. FESSEL
25. **B** Der mittelgroße Kreis auf der rechten Seite der Sechsecke ist in allen Sechsecken einschließlich B enthalten. Ansonsten werden von links nach rechts die Figuren aufeinandergelegt, doppelte Linien und Figuren verschwinden.
26. 63 $(8 - 6) \times 12 = 24$; $(9 - 5) \times 7 = 28$; $(10 - 7) \times 21 = 63$
27. CHARMANT, LIEBLICH
28. STOCK
29. **C** FLUG
30. **D**

TEST 11

Aufgaben

1. Durch Einsetzen der fehlenden Buchstaben ergibt sich, von oben nach unten gelesen, ein Tier.

EI (_)
MO (_)
TR (_)
TO (_)
PA (_)
DI (_)

2. Welche Zahl ersetzt das Fragezeichen?

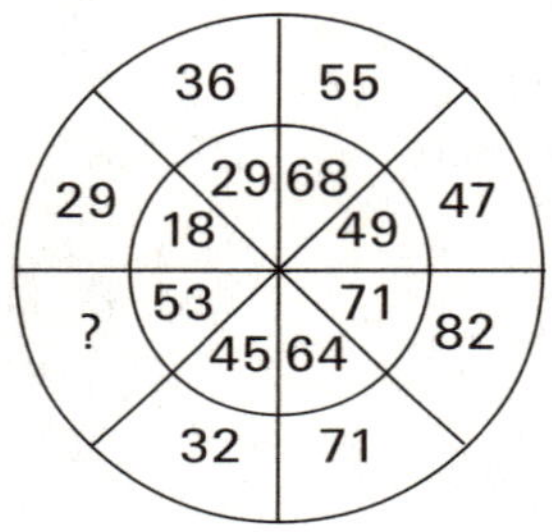

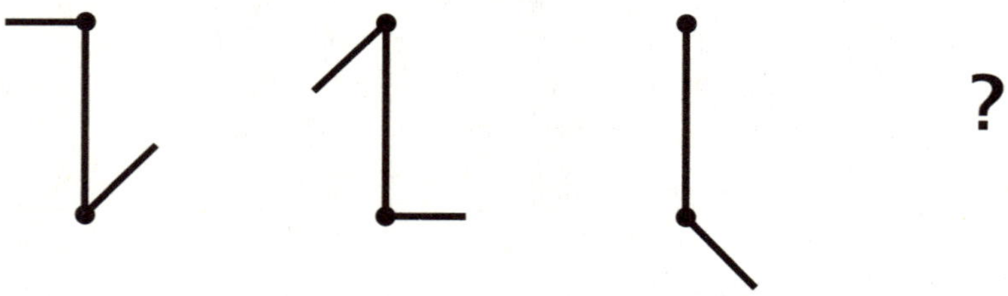

3. Setzen Sie die Folge logisch fort.

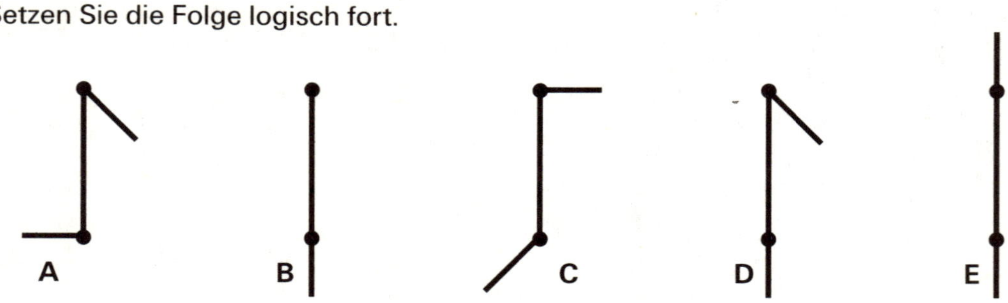

4.

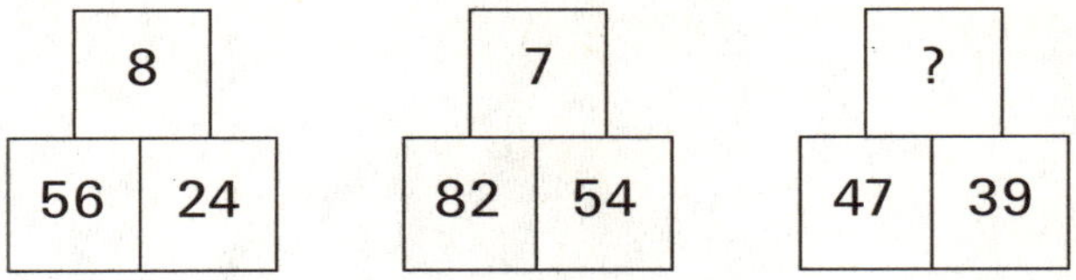

Welche Zahl ersetzt das Fragezeichen?

A 2 **B** 4 **C** 6 **D** 8 **E** 9

5. Hinter welcher Zeile verbirgt sich kein Komponist?

A PHONIC
B GNAWER
C LÄHDEN
D ISIRONS
E METBACH

6. Setzen Sie ein Wort in Klammern, das dieselbe Bedeutung hat wie die Worte außerhalb der Klammern.

FRUCHT (. . . . . .) DICHTE MENSCHENMENGE

7. Setzen Sie die fehlenden Buchstaben ein. Die Wort sind Antonyme und im Uhrzeigersinn zu lesen.

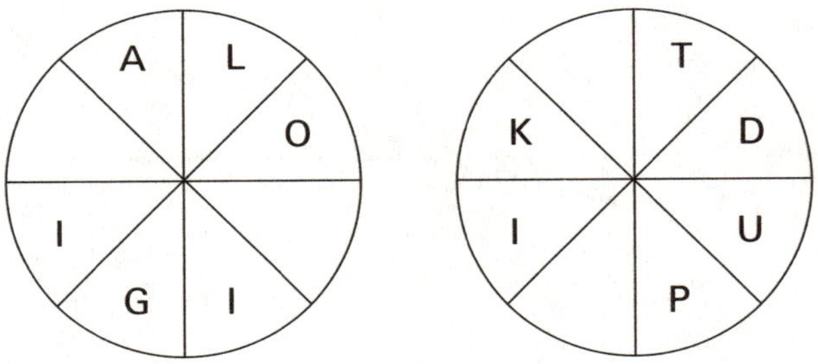

8. Setzen sie die Reihe fort. 40812, 32480, 15360, ?

9. Welcher Begriff verbirgt sich hier? TAKTIC HER

10. Welches Wort in Klammern bedeutet das Gegenteil des Worts vor der Klammer?

HELL (luftig, lichtundurchlässig, sauer, lebensfähig, verständlich)

11. Welcher Begriff paßt nicht zu den anderen?

Tibia, Patella, Femur, Humerus, Fibel

12. Welches Sechseck gehört nicht dazu?

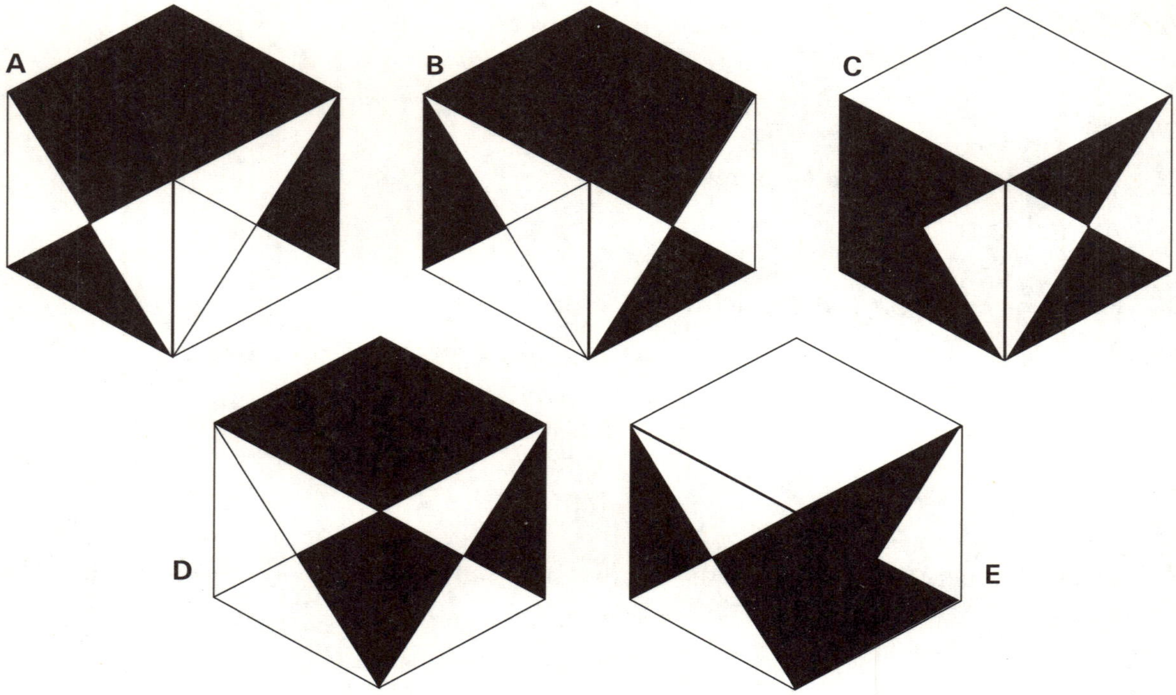

13.

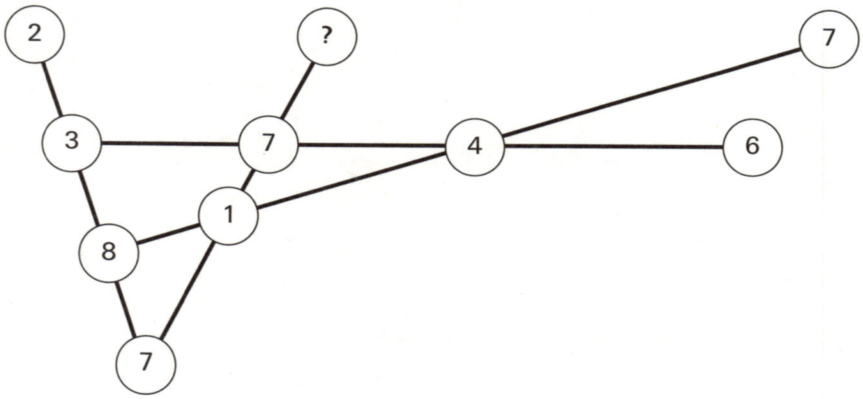

Welche Zahl muß anstelle des Fragezeichens stehen?

14. Welches Wort in Klammern kommt der Bedeutung des Worts vor der Klammer am nächsten?

NAIV (ehrlich, schlau, schmeichelhaft, kongenital, schüchtern)

15.

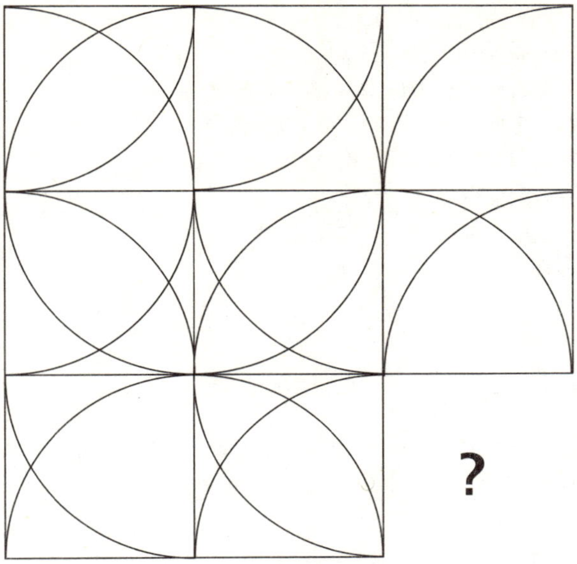

Setzen Sie das fehlende Quadrat ein.

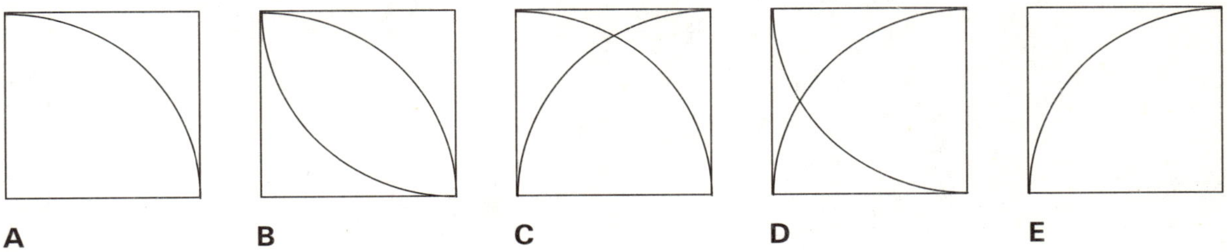

16. Bilden Sie ein Wort mit sechs Buchstaben, verwenden Sie dabei nur die folgenden vier Buchstaben. EM SN

17. Setzen Sie ein Wort in Klammern, das dieselbe Bedeutung hat wie die Worte außerhalb der Klammern.

SCHLIESSFRUCHT (. . . .) KOPF EINES STECKSCHLÜSSELS

18. Welches Wort bildet sowohl ans Ende des ersten als auch an den Anfang des zweiten gesetzt neue Begriffe?

PACK (. . .) WEIN

19. Welche Zahl ersetzt das Fragezeichen?

26; –19,5; ?, –10,96875

20. Welches Wort hat dieselbe Bedeutung wie die Worte außerhalb der Klammern?

NACHSINNEN (. . . . . .) DURCH KÖRPERWÄRME ERWÄRMEN

21. GITTERNETZ

In jedem der neun Felder, die mit 1A bis 3C bezeichnet sind, müssen alle Linien und Figuren enthalten sein, die in den Quadraten mit der jeweiligen Ziffer bzw. dem jeweiligen Buchstaben zu sehen sind. Das Feld 2B muß z. B. alle Linien und Symbole der Felder 2 und B enthalten. Eins der Felder erfüllt die Forderungen nicht. Welches?

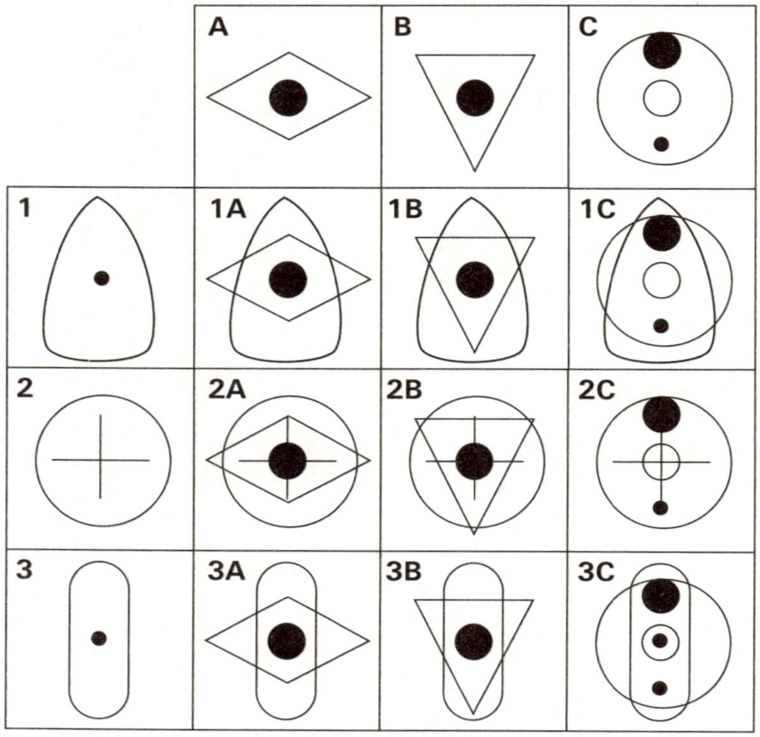

22. Setzen Sie drei Buchstabenpaare so zusammen, daß sich eine „Insel" ergibt.

NI LI BI SI KI TI

23. Wie nennt man eine Gruppe Pinguine?

A KOLONIE
B HERDE
C MASSE
D VOLK
E BANDE

24. Setzen Sie die Reihe fort.

17, 36, $20^1/_2$, $30^1/_2$, 24, 25, ?

25. SECHSECKE
Welches Sechseck setzt die Reihe logisch fort?

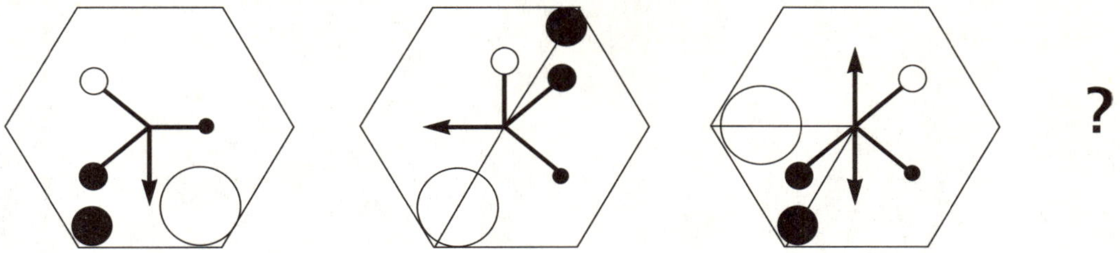

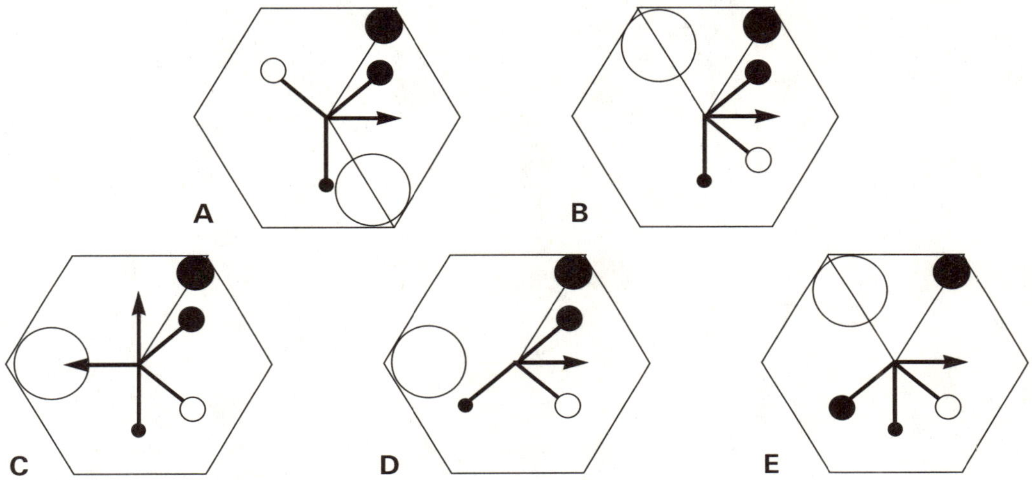

26. Welches Wort kann an das Ende des ersten, aber auch an den Anfang des zweiten Worts gesetzt werden?

NACHRICHTEN (. . . . .) KABINE

27. Setzen Sie die fehlenden Buchstaben ein. Die Worte sind Synonyme und gegen den Uhrzeigersinn zu lesen.

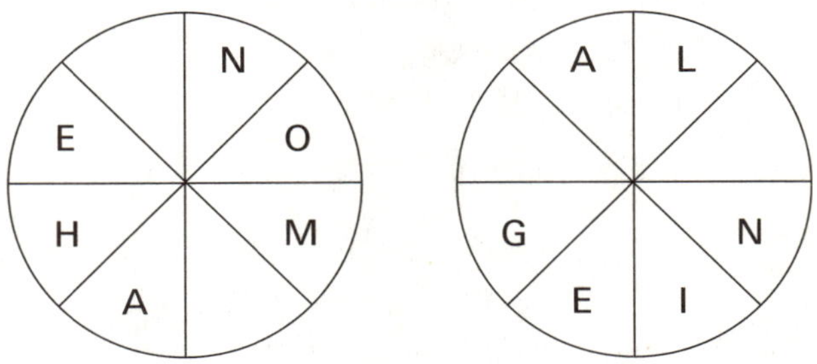

28. Welcher Begriff verbirgt sich hier?

KREISTON VON A

29. Welcher Begriff paßt nicht dazu?

A ENGLAND
B FRANKREICH
C HOLLAND
D SPANIEN
E SCHWEDEN

FIGUREN

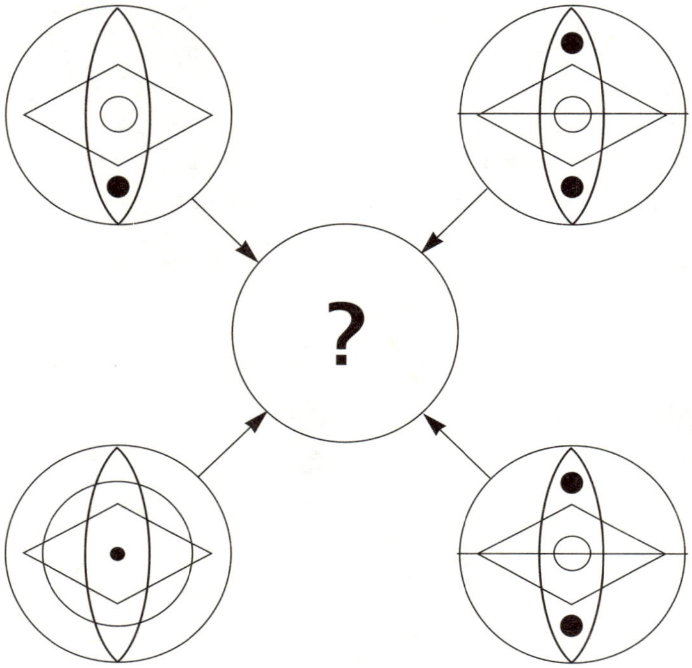

Jede Linie und jede Figur wird nach bestimmten Vorgaben in den mittleren Kreis übertragen.

Erscheint eine Linie oder eine Figur in den äußeren Kreisen

einmal:	wird sie übertragen
zweimal:	wird sie vielleicht übertragen
dreimal:	wird sie übertragen
viermal:	wird sie nicht übertragen.

Welcher der Kreise A–E gehört in die Mitte des Schaubilds?

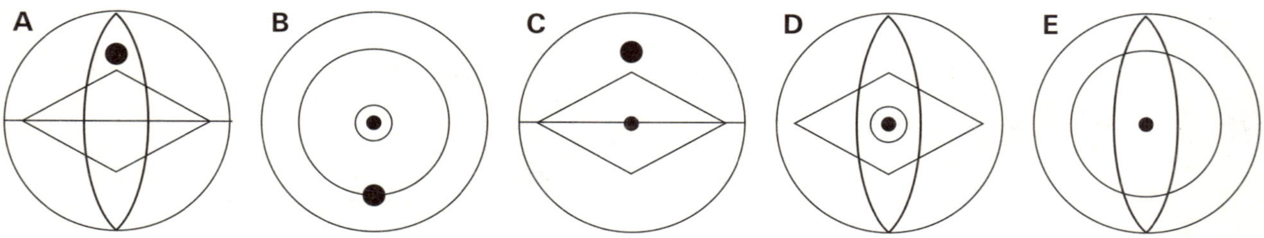

TEST 11

Lösungen

1. SPINNE Die einzelnen Worte sind: EIS, MOP, TRI, TON, PAN, DIE.
2. 51 Gegenüberliegende Zahlen (innerer Kreis + äußerer Kreis) ergeben in ihrer Addition 100.
3. **D** Der obere Arm bewegt sich in Schritten von 45° gegen den Uhrzeigersinn. Der untere Arm bewegt sich in 45°-Schritten im Uhrzeigersinn.
4. **A** 2; (47 – 39) ÷ 4 = 2
5. **E** METBACH = Macbeth. Die Komponisten sind: Chopin (PHONIC), Wagner (GNAWER), Händel (LÄHDEN), Rossini (ISIRONS).
6. TRAUBE
7. ORIGINAL, DUPLIKAT
8. 5400; 15 x 360
9. ARCHITEKT
10. lichtundurchlässig
11. Humerus. Das ist ein Armknochen, alle anderen sind Beinknochen.
12. **B** Die Figuren A und E gleichen sich, allerdings sind schwarz und weiß vertauscht; dasselbe gilt für C und D.
13. **5** Addiert man die jeweils vier Ziffern entlang der Geraden, so ergibt sich immer 20.
14. ehrlich
15. **A** Von links nach rechts und von oben nach unten werden nur die Linien in das dritte Feld übernommen, die nicht in den beiden vorhergehenden enthalten sind.
16. MESSEN
17. NUSS
18. EIS
19. 14,625 (x –0,75)
20. BRÜTEN
21. 1C
22. BIKINI
23. **A** KOLONIE
24. $27^1/_2$; 17, $20^1/_2$, 24, $27^1/_2$ (+ $3^1/_2$); und 36, $30^1/_2$, 25, $19^1/_2$, (-$5^1/_2$)
25. **B**
26. SPRECHER
27. HARMONIE, EINKLANG
28. KONVERSATION
29. **B** FRANKREICH. Im Gegensatz zu den anderen Ländern ist Frankreich kein Königreich.
30. **B**

TEST 12

Aufgaben

1.

Setzen Sie das fehlende Segment ein.

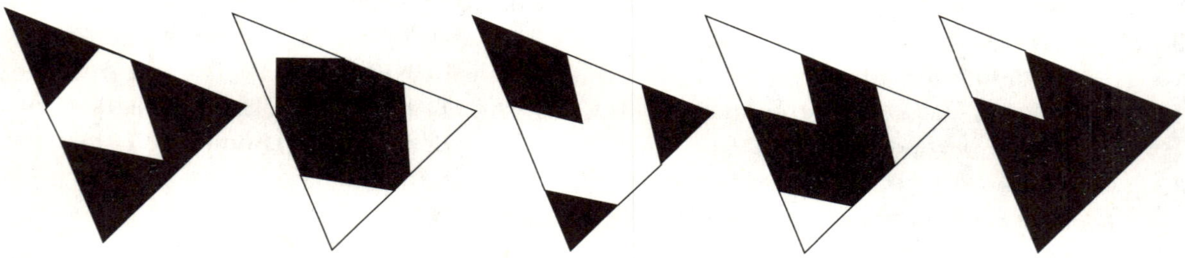

A **B** **C** **D** **E**

1836 : 3654 : 5472

2. Welche der folgenden Zeilen drückt dasselbe Verhältnis aus wie das obige?

A 5913 : 7832 : 9751
B 3627 : 5445 : 7623
C 6484 : 4262 : 2040
D 4829 : 5918 : 6007
E 1634 : 3821 : 5648

3. WESTE : JACKE

Welches der folgenden Wortpaare drückt dasselbe Verhältnis aus wie das obige?

A	Anorak	:	Kleid
B	Tuch	:	Schal
C	Männerrock	:	Hut
D	Nackenträger	:	Schal
E	Kummerbund	:	Halstuch

4. Welche beiden Worte stehen sich ihrer Bedeutung nach am nächsten?

ungezogen, aufdringlich, versteckt, ruhig, neugierig, seltsam

5. Setzen Sie die fehlenden Buchstaben ein. Die Worte sind Synonyme.

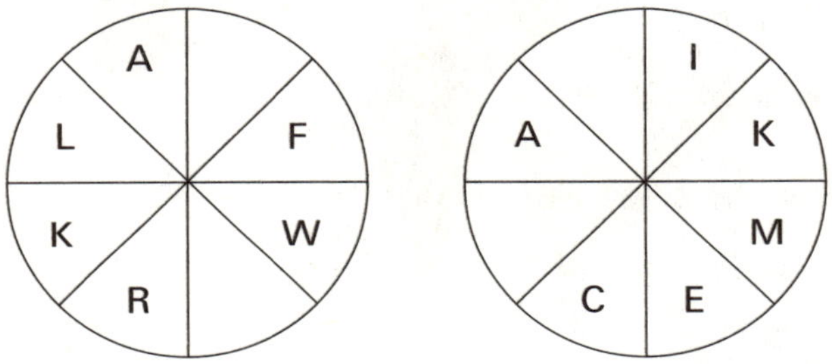

6. Ein Mann kommt mit einem Korb Äpfel aus seinem Schrebergarten. Er schenkt einem Nachbarn die Hälfte der Äpfel und einen Halben Apfel, einem zweiten Nachbarn schenkt er die Hälfte der übrigen Äpfel und einen halben Apfel, und einem dritten Nachbarn schenkt er wieder die Hälfte von dem, was übrig war plus einen halben Apfel. Nun sind keine Äpfel mehr übrig. Wie viele Äpfel hatte der Mann zu Beginn?

7. Welcher Begriff verbirgt sich hier? BETT AUS FARN

8.

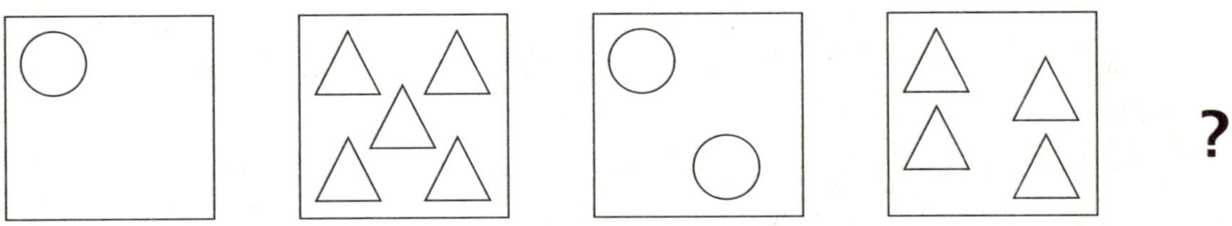

Setzen Sie die Reihe fort.

A
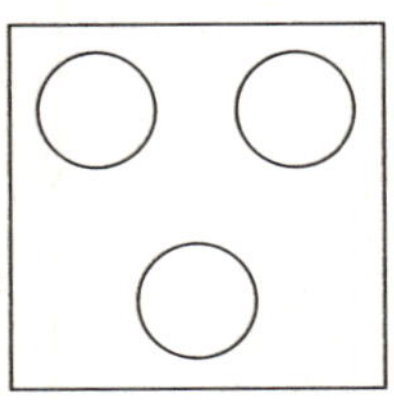

B
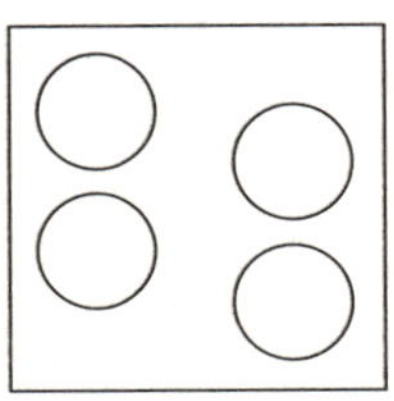

C
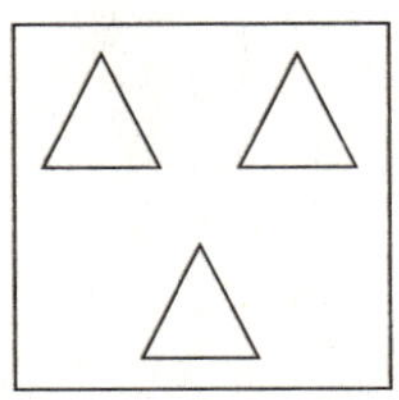

D
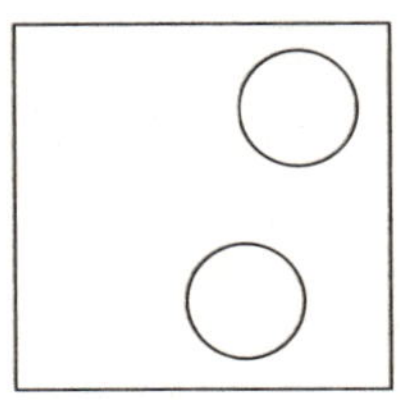

E
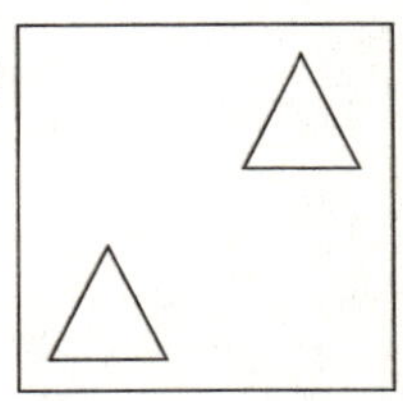

9. Setzen Sie das Wort in Klammern, das dieselbe Bedeutung hat wie die Worte außerhalb der Klammern.

KÖDERN (. . . .) FRISUR

10. 5639 : 1112 : 23

Welche Zahlenfolge drückt dasselbe Verhältnis aus wie die Folge oben.

A	7492	168	96
B	6858	1413	54
C	3517	1029	33
D	2962	426	13
E	7995	1614	57

11. Welches Wort paßt nicht zu den anderen?

dörflich, bukolisch, städtisch, rustikal, ländlich

12. Welche Worte haben gegenteilige Bedeutung?

tadeln, verlassen, loben, zustimmen, verachten, mildern

13. Welche Figur paßt nicht zu den anderen?

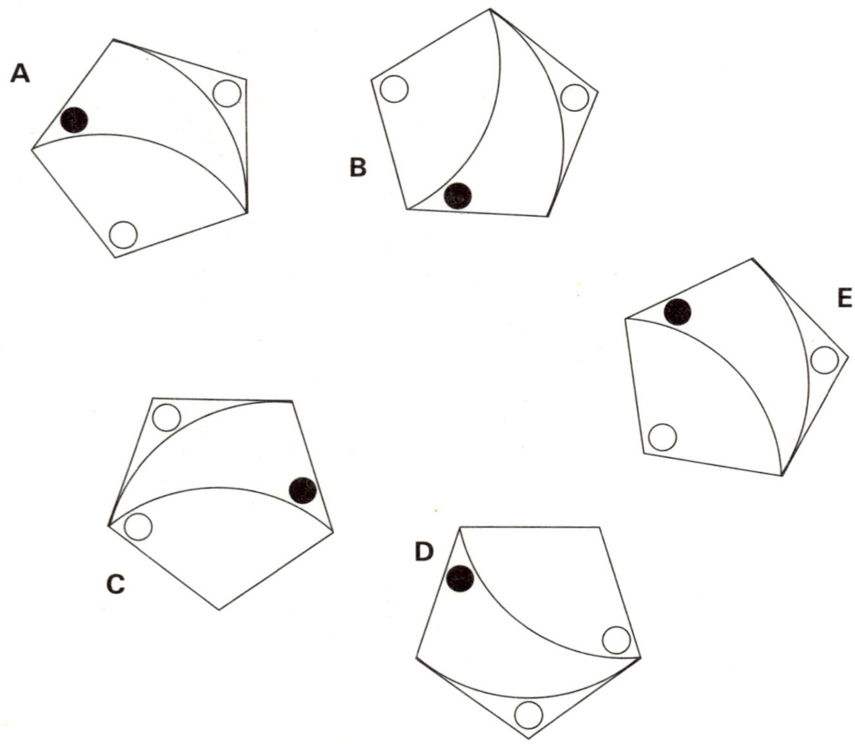

14.

7	13	25	36
18	27	9	24
15	22	12	11

7	8	5	18
3	12	19	9
16	10	14	2

Multiplizieren Sie die dritthöchste ungerade Zahl der linken Matrix mit der zweitniedrigsten Zahl der rechten Matrix.

15. Welche der folgenden Zeilen ist kein Anagramm eines Tiernamens?

A KARONORM
B FEIRAGF
C DRAMEE
D NETAFEL
E POLEDRA

16. Bilden Sie aus den folgenden vier Buchstaben ein Wort mit sechs Buchstaben.
RE
LT

17. Setzen Sie das Wort in Klammern, das dieselbe Bedeutung hat wie die Worte außerhalb der Klammern.

KLIMA (. . . . . .) GLÜCKSSPIELER

18. Setzen Sie das Wort ein, das sowohl an das erste Wort angehängt werden als auch vor das zweite Wort gesetzt werden kann.

KNALL (. . . . . .) SCHENKEL

19. Wie nennt man ein vollständiges Kartenspiel?

A STAPEL
B BOX
C HAND
D BLATT
E HAUS

20. GITTERNETZ

In jedem der neun Felder, die mit 1A bis 3C bezeichnet sind, müssen alle Linien und Figuren enthalten sein, die in den Quadraten mit der jeweiligen Ziffer bzw. dem jeweiligen Buchstaben zu sehen sind. Das Feld 2B muß z. B. alle Linien und Symbole der Felder 2 und B enthalten. Eins der Felder erfüllt die Forderungen nicht. Welches?

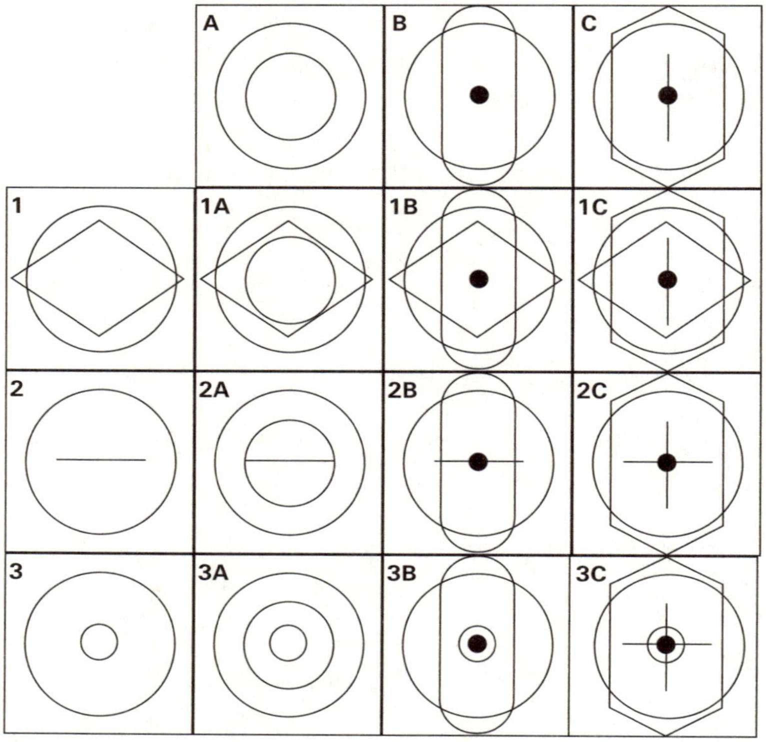

21. Setzen Sie ein Wort ein, das beide Worte außerhalb der Klammer ersetzen kann.

SCHREI (. . .) NAME

22. Setzen Sie die fehlenden Buchstaben der Synonyme ein, und lesen Sie im Uhrzeigersinn.

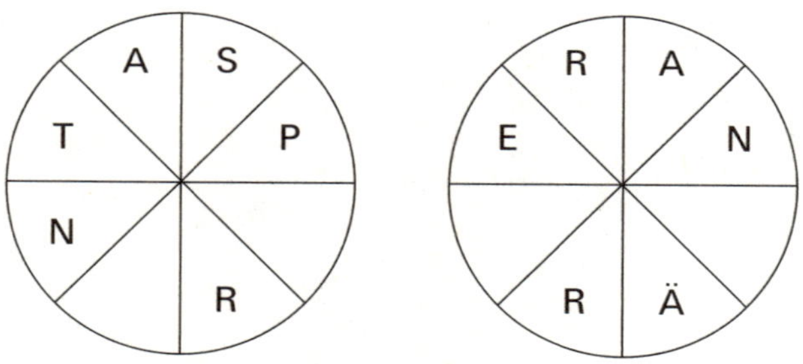

23. Setzen Sie drei Buchstabenpaare so zusammen, daß sich ein Wort für „Substitut" ergibt.

SA ER MO KI TZ TS

24. Setzen Sie die Reihe fort.

17, 88, 176, 847, 1595, ?

25. SECHSECKE
Welches Sechseck setzt die Reihe fort?

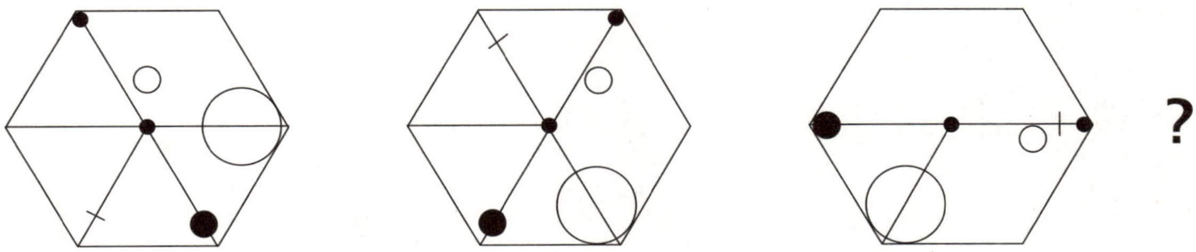

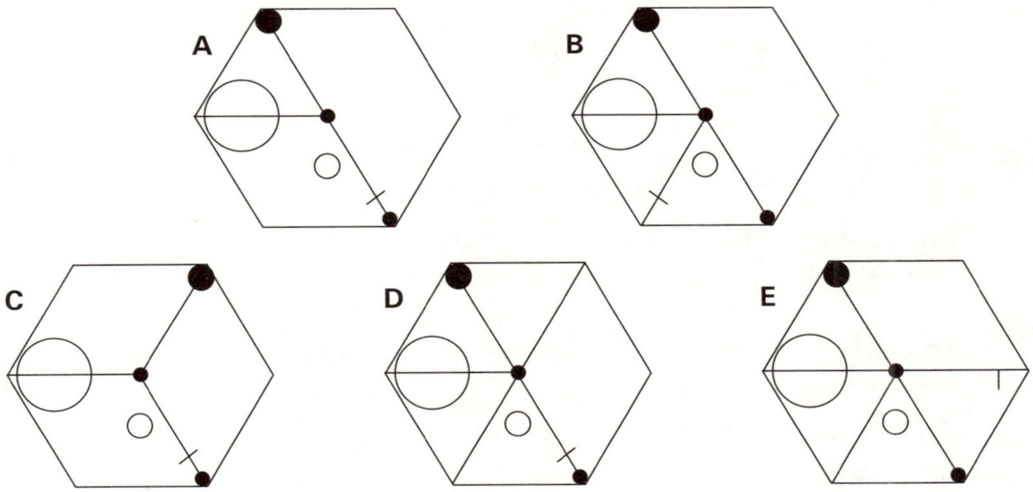

26. Was ist das Gegenteil von ORIENTALISCH?

A NÖRDLICH
B SÜDLICH
C FREMD
D EXOTISCH
E OKZIDENTALISCH

27. FIGUREN

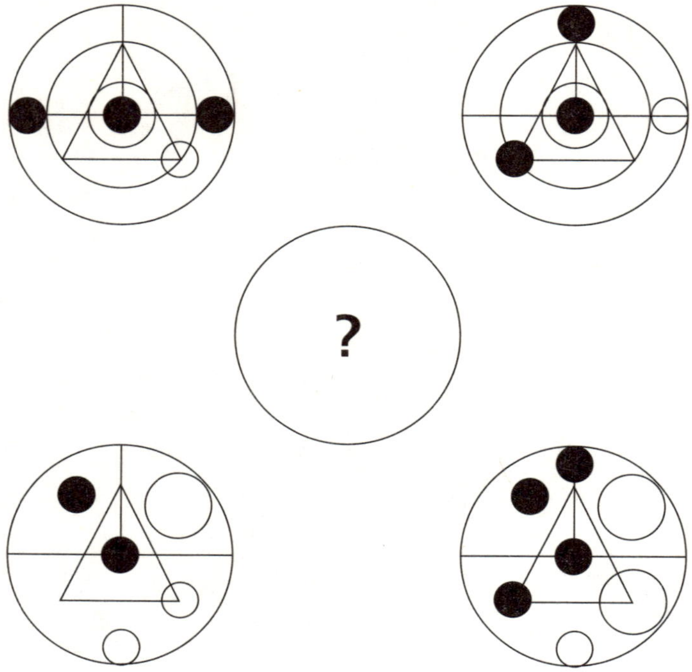

Jede Linie und jede Figur wird nach bestimmten Vorgaben in den mittleren Kreis übertragen.

Erscheint eine Linie oder eine Figur in den äußeren Kreisen

einmal:	wird sie übertragen
zweimal:	wird sie vielleicht übertragen
dreimal:	wird sie übertragen
viermal:	wird sie nicht übertragen

Welcher der Kreise A–E gehört in die Mitte des Schaubilds?

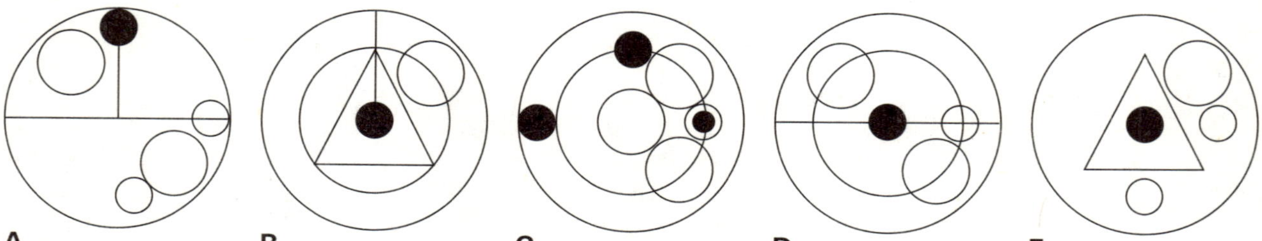

A B C D E

28. Welche Zahl ersetzt das Fragezeichen?

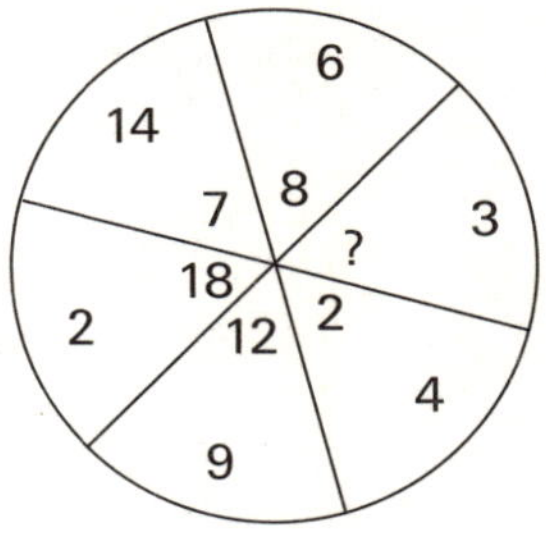

29. Welches Wort verbirgt sich hier?

OREISHZORN

30. Setzen Sie zwei Buchstabengruppen so zusammen, daß sich ein „Fisch" ergibt.

ING BÜC OKT BLA HER SCH

TEST 12

Lösungen

1. **D** Jedes Segment ist das Spiegelbild des gegenüberliegenden, schwarz und weiß sind vertauscht.
2. **B** 3627 : 5445 : 7263

3	6	2	7
+2	–2	+2	–2
5	4	4	5
+2	–2	+2	–2
7	2	6	3

3. **B** Tuch : Schal
4. aufdringlich, neugierig
5. LAUFWERK, MECHANIK
6. **7** der erste bekommt $3^1/_2 + {}^1/_2 = 4$; bleiben 3; der nächste bekommt $1^1/_2 + {}^1/_2 = 2$; bleibt 1; der letzte bekommt ${}^1/_2 + {}^1/_2 = 1$
7. TRAUBENSAFT
8. **A** Es existieren zwei einander abwechselnde Folgen. Die erste beginnt mit einem Kreis, bei jedem weiteren Schritt kommt ein Kreis dazu; die andere beginnt mit fünf Dreiecken, bei jedem Schritt fällt ein Dreieck heraus.
9. LOCKEN
10. **B** 6858 : 1413 : 54
    6 + 8 = 14; 5 + 8 = 13;
    1 + 4 = 5; 1 + 3 = 4
11. urban; alle anderen Begriffe beziehen sich auf ländliche Gebiete.
12. tadeln, loben
13. **B** A und E sind identisch, die Figur wird nur gedreht, dasselbe gilt für C und D.
14. 120; 15 x 8.
15. **C** DRAMEE = Edamer. Die Tiere heißen Kormoran (KARONORM), Giraffe (FEIRAGF), Elefant (NETAFEL), Leopard (POLEDRA).
16. TELLER
17. WETTER
18. FROSCH
19. **D** BLATT
20. 3C
21. RUF
22. ASPIRANT, ANWÄRTER
23. ERSATZ
24. 7546 Jede Zahl wird umgedreht und zu der vorhergehenden Zahl addiert.
25. **B**
26. **E** OKZIDENTALISCH
27. **C**
28. 27 (3 x 18) = (2 x 27).
29. RHINOZEROS
30. HERING

TEST 13

Aufgaben

1. Vervollständigen Sie die Worte, und lesen Sie im Uhrzeigersinn. Die Worte sind Antonyme.

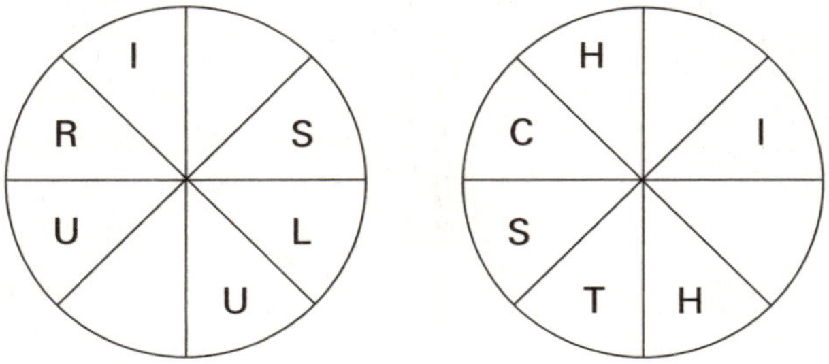

2.

8	11	13
11	?	22
14	23	31

Welche Zahl muß anstelle des Fragezeichens stehen?

3. Welcher Begriff verbirgt sich hier?

MAMIS SUCHEN

4. Welche beiden Worte stehen sich ihrer Bedeutung nach am nächsten?

europäisch, französisch, einheimisch, gallisch, irisch, italienisch

5. Welche Zahl paßt nicht zu den anderen?

A 36119
B 84129
C 25626
D 48418
E 52923

6. **A B C D E F G H**
Welcher Buchstabe steht zwei Stellen rechts von dem, der drei Stellen links von dem direkt rechts neben dem C steht?

7. Setzen Sie ein Wort in Klammern, das dieselbe Bedeutung besitzt wie die Worte außerhalb der Klammern.

NORMAL (. . . . . .) HINTERHÄLTIG

8. 368 (144108) 439
749 (252120) 564
835 (?) 298

Ersetzen Sie das Fragezeichen.

9.

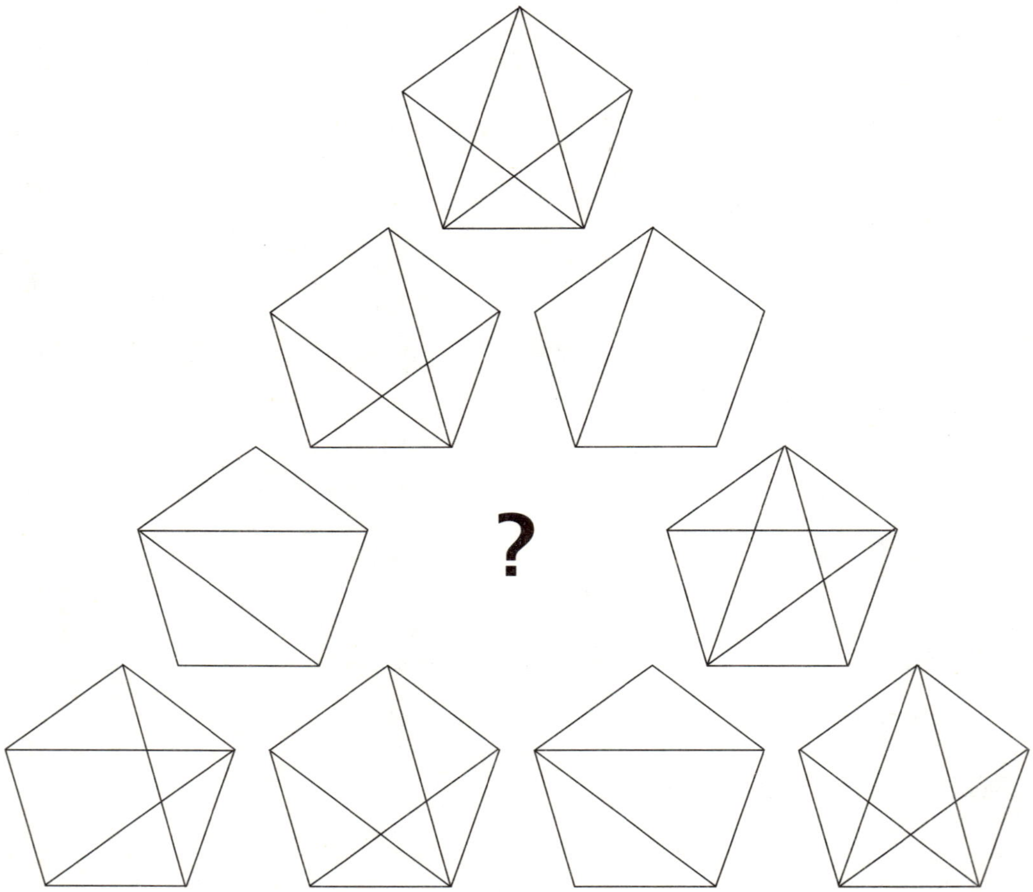

Setzen Sie das richtige Fünfeck ein.

A
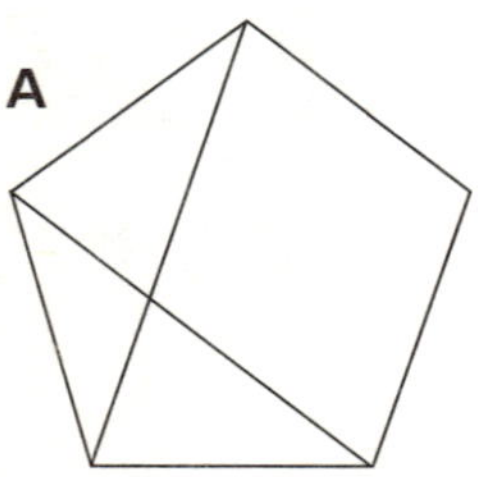

B
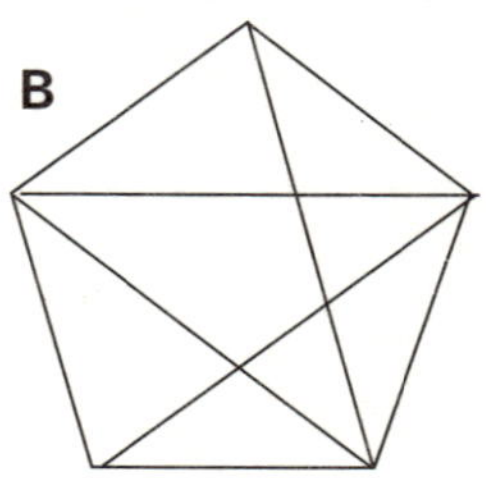

C
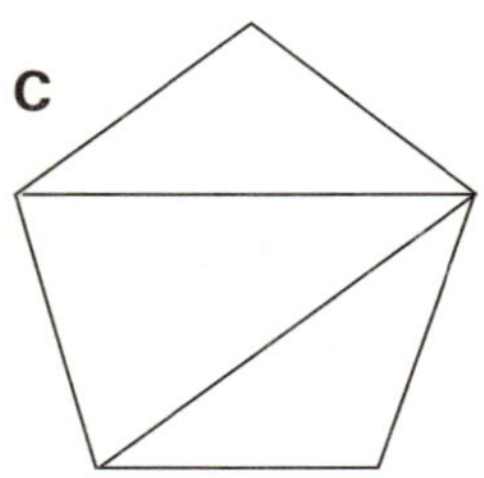

D
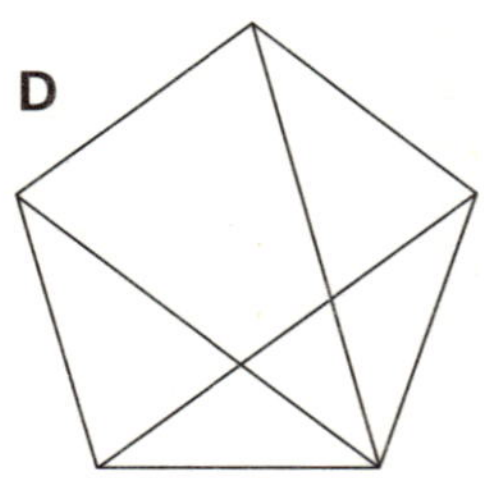

E
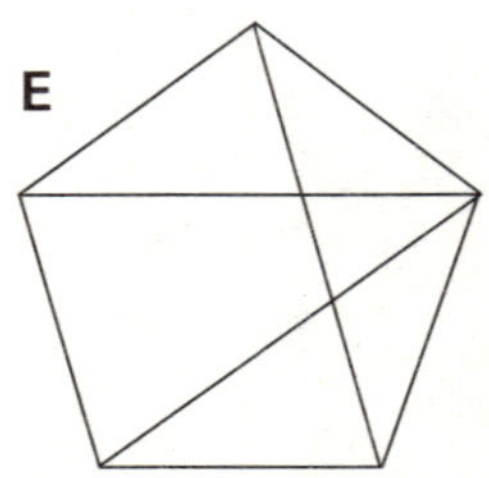

10. Hinter welcher der folgenden Zeilen verbirgt sich keine Pflanze?

A BEIN EGO
B RELMIP
C ORAKELL
D DER HAUT IKE
E ICH SEUF

11.

7	9	?	51
2	11	?	82

Setzen Sie das richtige Rechteck ein.

A	B	C	D	E
16	22	20	20	18
13	33	33	31	30

12.

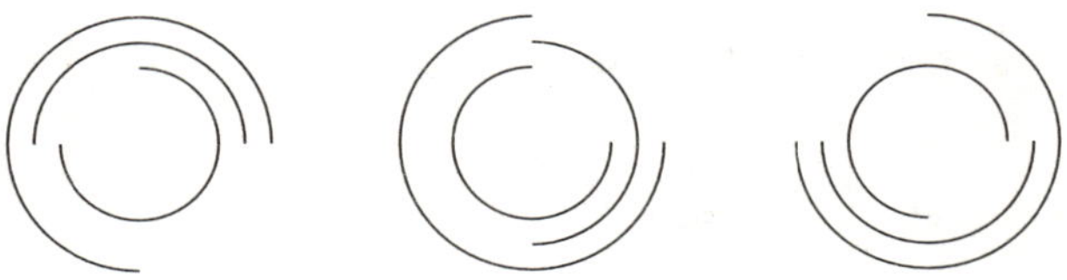

?

Setzen Sie die Folge logisch fort.

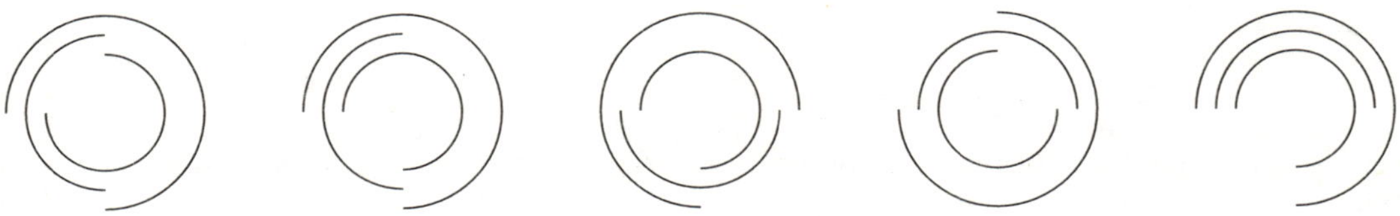

A **B** **C** **D** **E**

13. Welcher Begriff paßt nicht zu den anderen?

stürmisch, eifrig, strebend, ärgerlich, fleißig

14. Welche beiden Worte haben gegenteilige Bedeutung?

köstlich, feindselig, hoffnungslos, freundschaftlich, unerheblich, schroff

15. WAHR und falsch stehen in demselben Verhältnis wie

BELEIDIGEN und (verhöhnen, präsentieren, geben, schmeicheln, dienen)

16. Ersetzen Sie das Fragezeichen.

8	10	3	14
7	14	5	21
9	11	4	25
6	17	8	?

17. Setzen Sie das Wort ein, das an das erste Wort angehängt, aber auch vor das zweite gesetzt, neue Begriffe bildet.

KÜHL (. . . . . .) FALL

18. Welcher Begriff verbirgt sich hier?

MITGAMSBEL

19. Setzen Sie das Wort in Klammern, das dieselbe Bedeutung hat wie die Worte außerhalb der Klammern.

Notenschriftzeichen (. . . . .) Mühsal

20. Setzen Sie aus den folgenden vier Buchstaben ein Wort mit sechs Buchstaben zusammen.

SE
ZN

21. Setzen Sie drei Buchstabenpaare so zusammen, daß sich eine musikalische Stilrichtung ergibt.

OG RO TA IE BO WA

22. Wie nennt man eine Gruppe Bienen?

A VOLK
B ENERGIE
C DRONEN
D SIPPE
E HERD

23. VERGLEICH

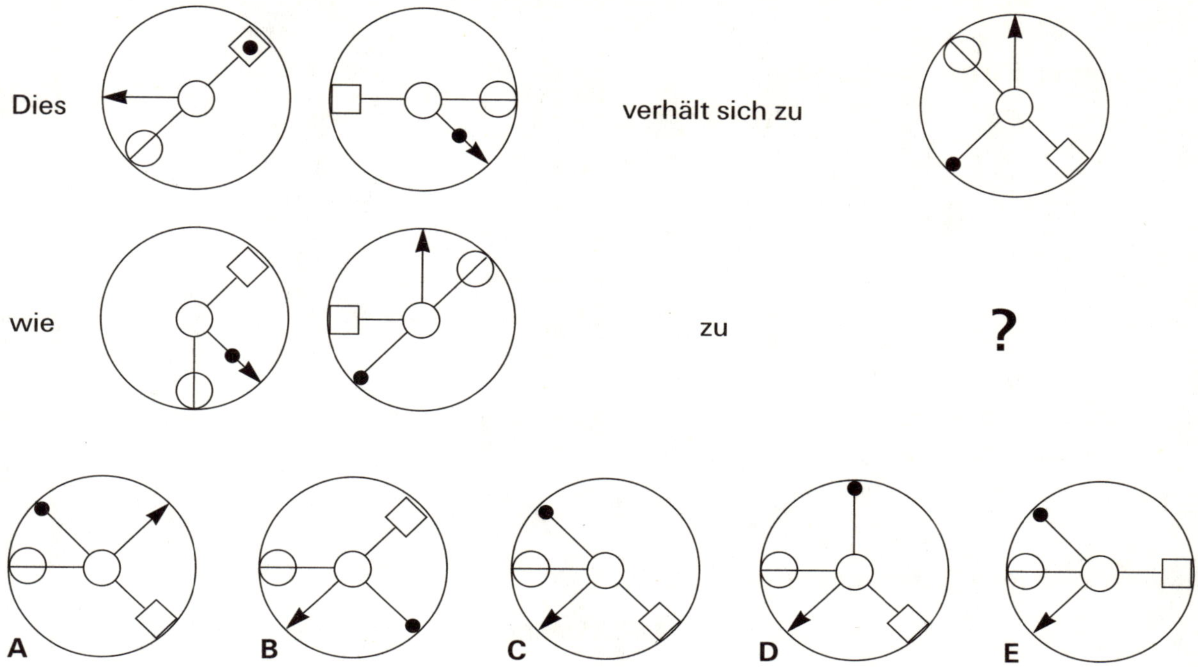

24. Wie viele kleine Würfel passen in den großen?

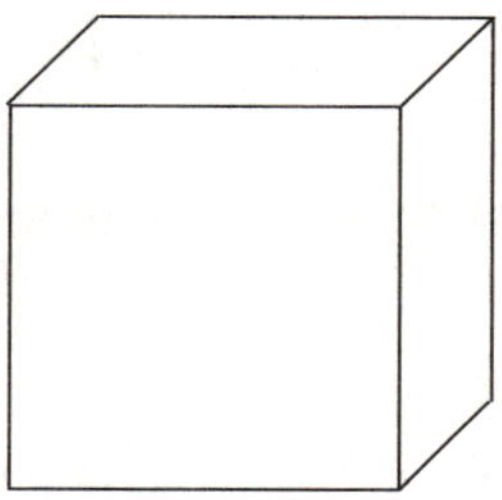

1680 m x 1200 m x 1400 m

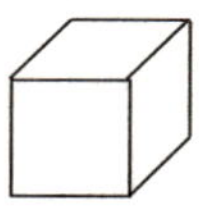

420 m x 60 m x 70 m

25. Finden Sie das Wort, das mit allen anderen neue Begriffe bildet.

(. . . .)

MATTE
BALL
PILZ
BODEN
VOLK

26. Setzen Sie drei Buchstabenpaare so zusammen, daß sich ein männlicher Vorname ergibt.

ND AL CH RO MI LA

27. Setzen Sie das fehlende Element ein.

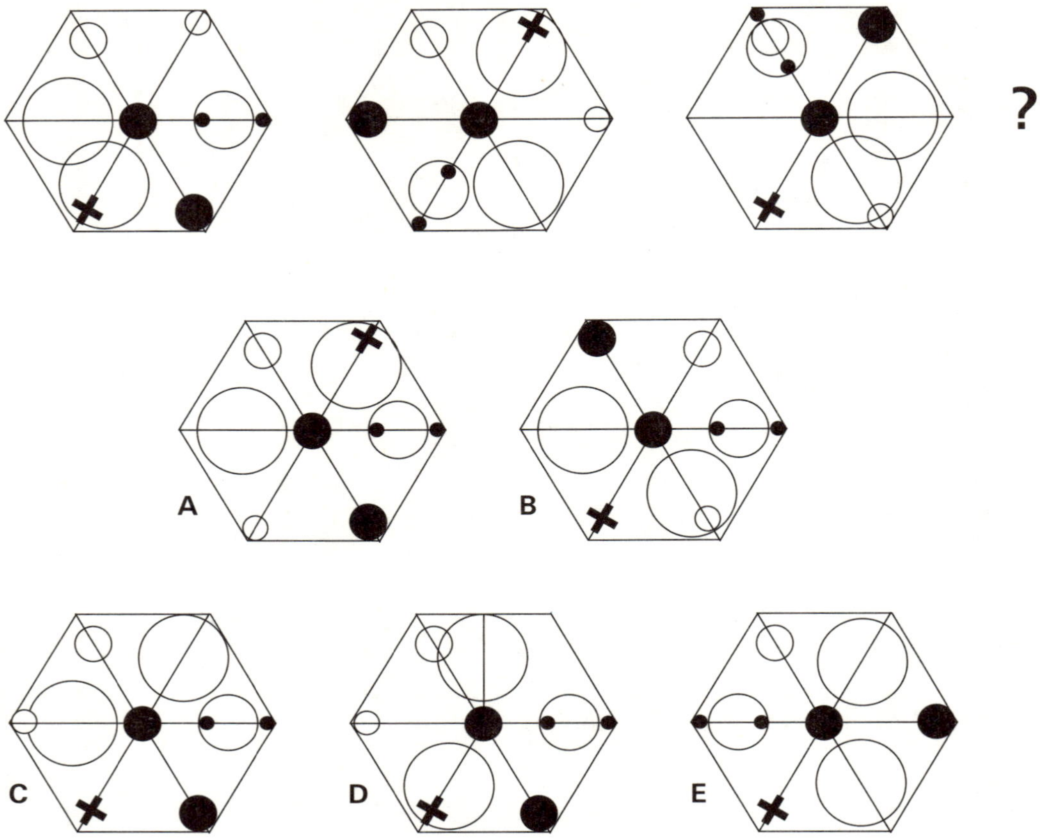

28. Vervollständigen Sie die Worte, und lesen Sie im Uhrzeigersinn. Die Worte sind Synonyme.

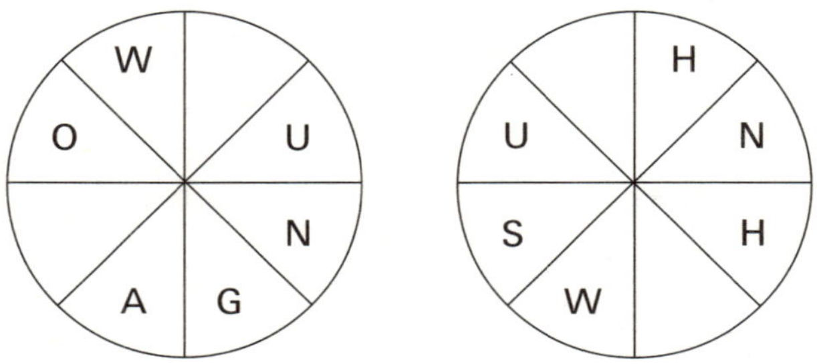

29. Setzen Sie das Wort in Klammern, das dieselbe Bedeutung hat wie die Worte außerhalb der Klammern.

WALDGEIST (. . . .) LÜSTLING

30. FIGUREN

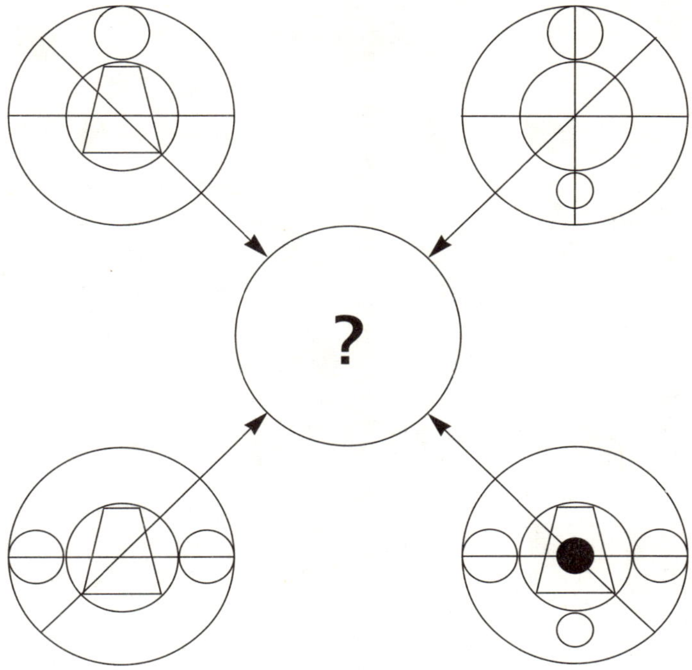

Jede Linie und jede Figur wird nach bestimmten Vorgaben in den mittleren Kreis übertragen.

Erscheint eine Linie oder eine Figur in den äußeren Kreisen

einmal:	wird sie übertragen
zweimal:	wird sie vielleicht übertragen
dreimal:	wird sie übertragen
viermal:	wird sie nicht übertragen

Welcher der Kreise A–E gehört in die Mitte des Schaubilds?

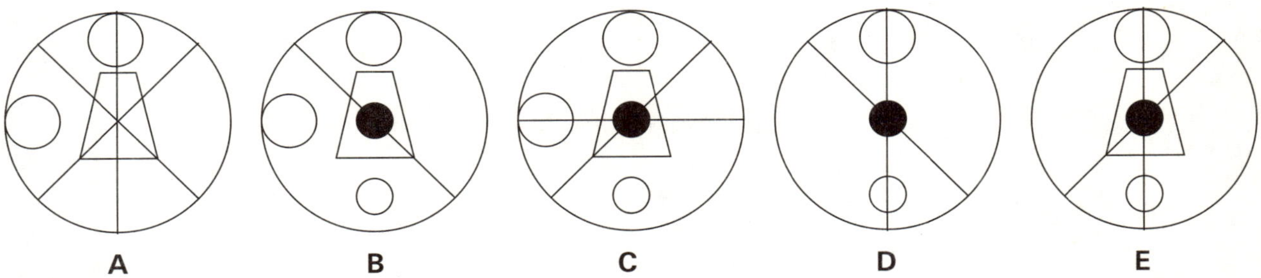

TEST 13

Lösungen

1. LUXURIÖS, SCHLICHT
2. 17 Von oben nach unten gelesen wird in der linken Spalte +3 addiert, in der mittleren +6 und in der echten +9.
3. MECHANISMUS
4. französisch, gallisch
5. **D** 48418 Alle anderen Zahlen sind aus einer Quadratzahl und deren Quadratwurzel zusammengesetzt.
6. **C**
7. HINTERHÄLTIG
8. 120144 8 x 3 x 5 = 120;
   2 x 9 x 8 = 144
9. **E** Der Inhalt eines Fünfecks wird immer durch die beiden darunterliegenden bestimmt. Linien, die in beiden Fünfecken an derselben Stelle auftreten, werden nicht nach oben transportiert.
10. **C** ORAKELL. Die Namen der Pflanzen lauten: Begonie (BEIN EGO),
    Primel (RELMIP),
    Heidekraut (DER HAUT IKE),
    Fuchsie (ICH SEUF).
11. **D** 7 + 2 = 9; 2 + 9 = 11;
    9 + 11 = 20; 11 + 20 = 31 etc.
12. **B** Der äußere Bogen bewegt sich in 90°-Schritten gegen den Uhrzeigersinn, die inneren beiden in 90°-Schritten im Uhrzeigersinn.
13. ärgerlich; die anderen Worte sind Synonyme.
14. feindselig, freundschaftlich
15. schmeicheln (Antonyme)
16. 31 (8 x 3) – 10 = 14;
    (7 x 5) – 14 = 21; (9 x 4) – 11 = 25;
    (6 x 8) – 17 = 31
17. WASSER
18. STIMMGABEL
19. KREUZ
20. ESSENZ
21. BOOGIE
22. **A** VOLK
23. **C**
24. 1600
25. FUSS
26. ROLAND
27. **A**
28. BUNGALOW, WOHNHAUS
29. FAUN
30. **E**

TEST 14

Aufgaben

1. Welche Figur paßt nicht zu den anderen?

A **B** **C** **D** **E**

2. Welcher weibliche Vorname verbirgt sich hinter NICHT SARI?

3. Setzen Sie die fehlende Zahl ein.

5	9	6	10
8	12	9	13
4	8	5	9
7	11	8	?

4. AQUAMARIN : BLAU

Welches Wortpaar drückt dasselbe Verhältnis aus?

A Zitrone : gelb
B Biskuit : braun
C Jade : schwarz
D Safran : grau
E Zinnober : rot

5. Welches der Worte in Klammern bedeutet das Gegenteil des Worts vor der Klammer?

WACHSAM (panisch, cool, dämlich, kläglich, nachlässig)

6. Vervollständigen Sie, und lesen Sie im Uhrzeigersinn. Die Worte sind Synonyme.

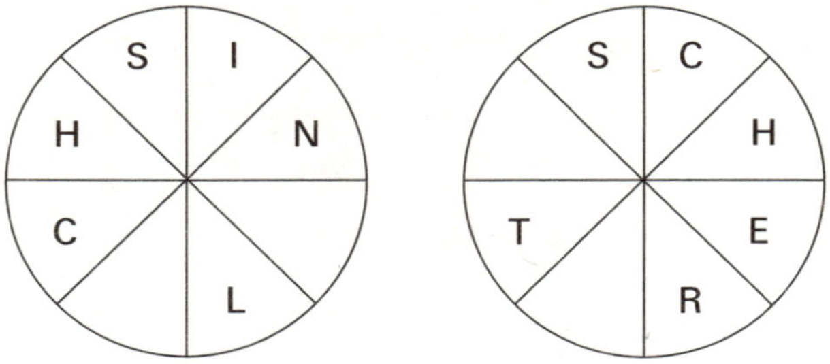

7. Finden Sie eine Zahl, die die folgenden Bedingungen erfüllt:
1. Sie befindet sich in keiner horizontalen Reihe, die eine Quadratzahl enthält.
2. Sie befindet sich in keiner vertikalen Reihe, die eine Primzahl enthält.

25	22	15	19
29	7	18	32
14	4	27	26
2	39	16	12

8. Setzen Sie die Reihe logisch fort.

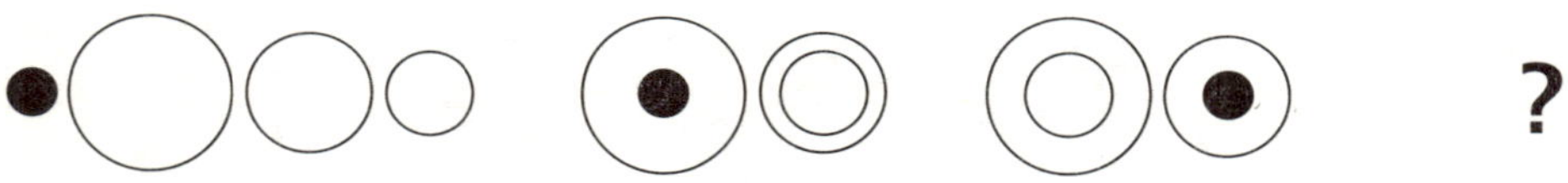

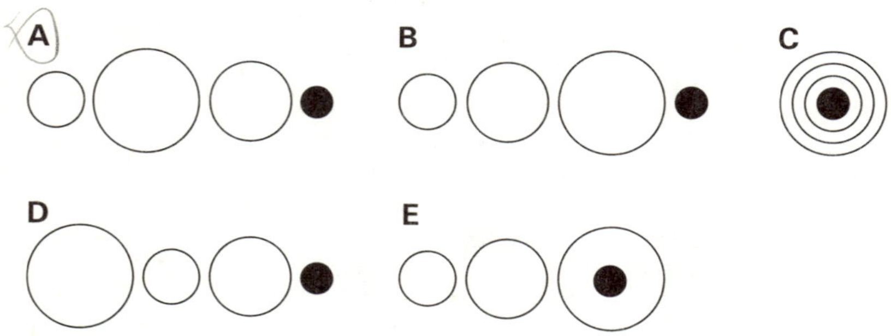

9. Hinter welcher der folgenden Zeilen verbirgt sich keine Frucht?

A NEGROA
B KOAPREIS
C SBIRÜK
D NATISKAP
E TEDLAT

10. 7341 : 5904

6812 : 4626

Welches der folgenden Zahlenpaare drückt dasselbe Verhältnis aus?

A 4593 : 6482
B 6482 : 4593
C 7142 : 3817
D 4819 : 2336
E 3811 : 2628

11. Welche beiden Wörter bedeuten dasselbe?

Siegel, Sieb, Reinigung, Durchschlag, Tagebuch, Suche

12.

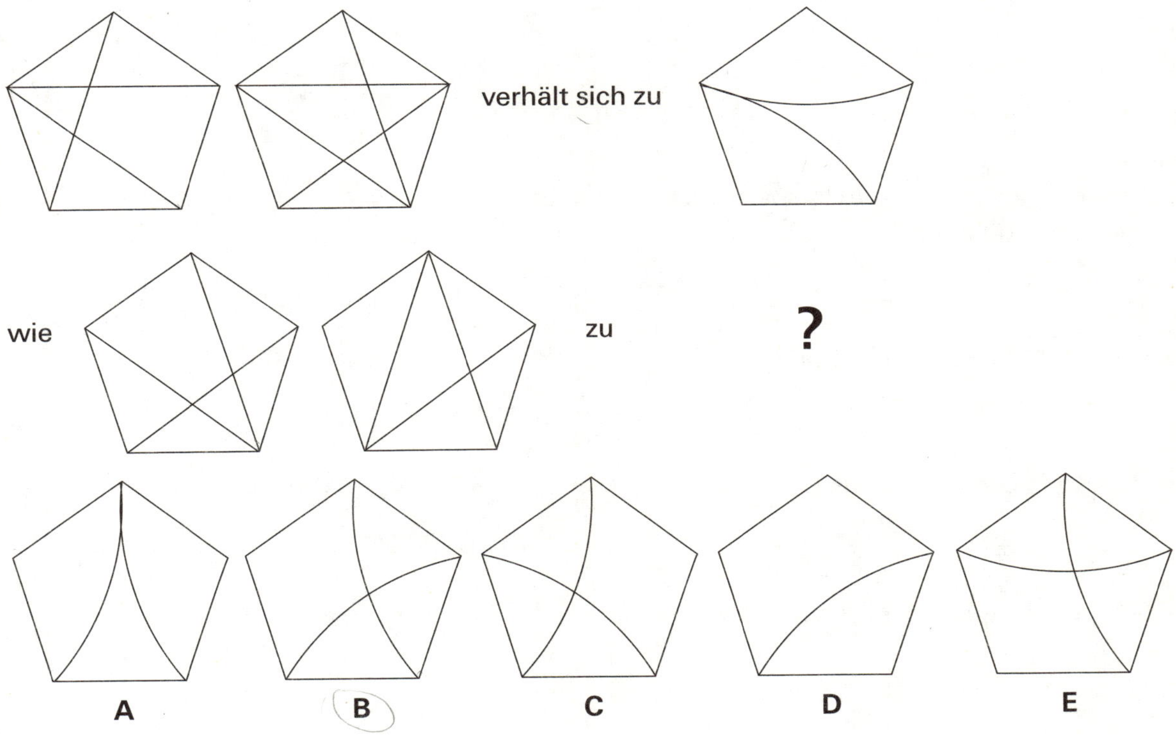

13. Welcher Begriff paßt nicht zu den anderen?

Tal, Hügel, Kar, Schlucht, Klamm

14. Setzen Sie das Wort in Klammern, das dieselbe Bedeutung hat wie die Worte außerhalb der Klammern.

FASZINIEREN (. . . . . . .) IN KETTEN LEGEN

15. Setzen Sie die fehlende Zahl ein.

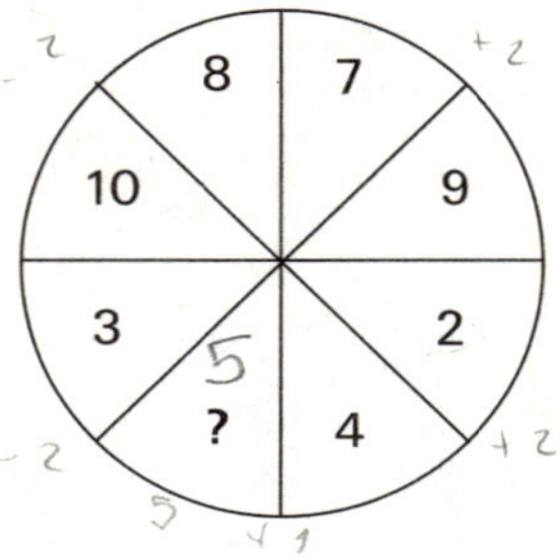

16. Setzen sie die fehlende Zahl ein.

144	4	12	3
180	3	20	3
192	2	24	4
225	5	15	?

17. Finden Sie das Wort, das sowohl an das Ende des ersten, aber auch vor das zweite gesetzt, neue Begriffe bildet.

DAMPF (. . . . . .) BAU

18. Welcher Begriff verbirgt sich hier?

MATRONEN

19. Finden Sie ein Wort, das dieselbe Bedeutung hat wie die Worte außerhalb der Klammern.

BEHÄLTER (. . . . .) TONTRÄGER

20. Bilden Sie aus den folgenden vier Buchstaben ein Wort mit sechs Buchstaben.

RE
ND

21. Wie nennt man eine Gruppe Schiffe?

A HAFEN
B SCHONER
C FLOTTE
D BRECHER
E FORMATION

22. Vervollständigen Sie die Synonyme und lesen Sie im Uhrzeigersinn.

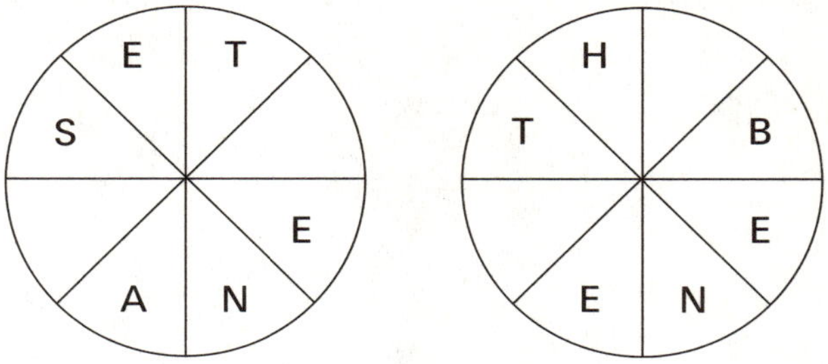

23. Welche Figur paßt nicht zu den anderen?

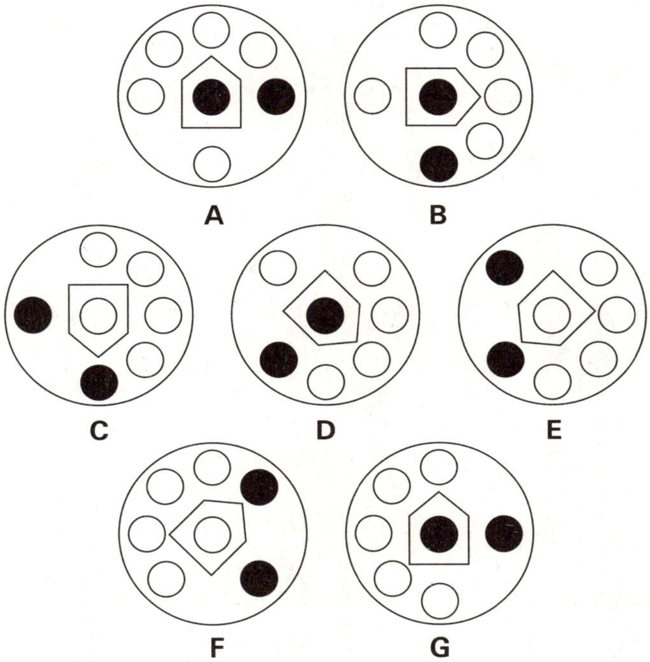

24. Finden Sie ein Wort, das, sowohl an das erste angehängt als auch vor das zweite gesetzt, neue Begriffe bildet.

HAAR (. . . . . . .) SCHRITT

25. Welcher der folgenden Begriffe bedeutet dasselbe wie MELODRAMATISCH?

flamboyant, spasmodisch, meliorativ, larmoyant, katatonisch

26. SECHSECKE
Setzen Sie das fehlende Sechseck ein.

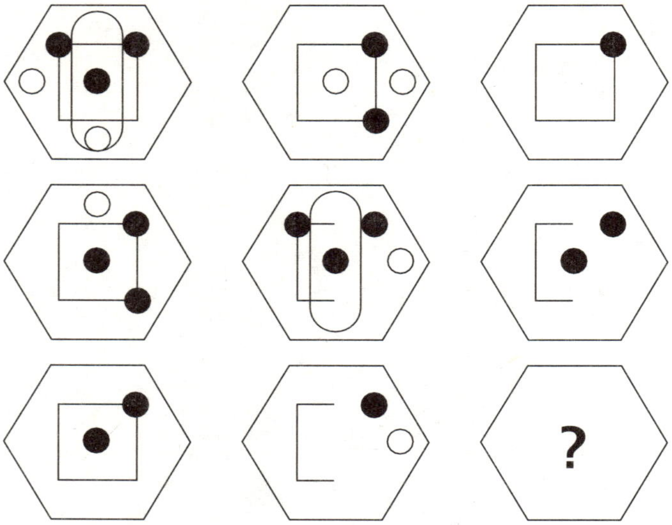

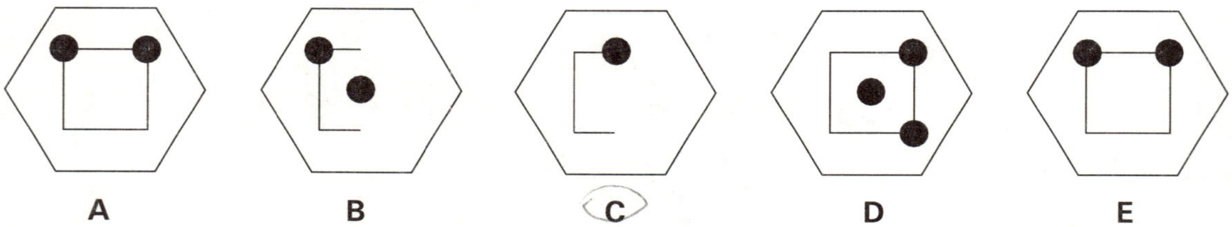

27. Setzen Sie die fehlende Zahl ein.

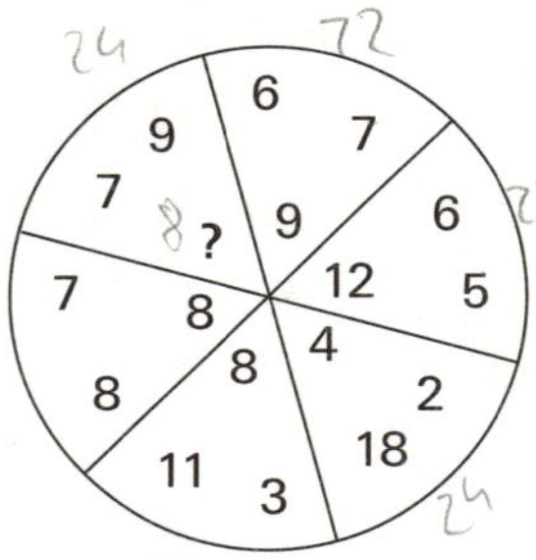

28. Setzen Sie drei Buchstabenpaare so zusammen, daß sich eine Krankheit ergibt.

TY AS RH MA TH IP

29. Setzen Sie ein Wort ein, das dieselbe Bedeutung hat wie die Worte außerhalb der Klammer.

RÜCKBEUGE (. . . . .) KLEINER TEPPICH

30. FIGUREN

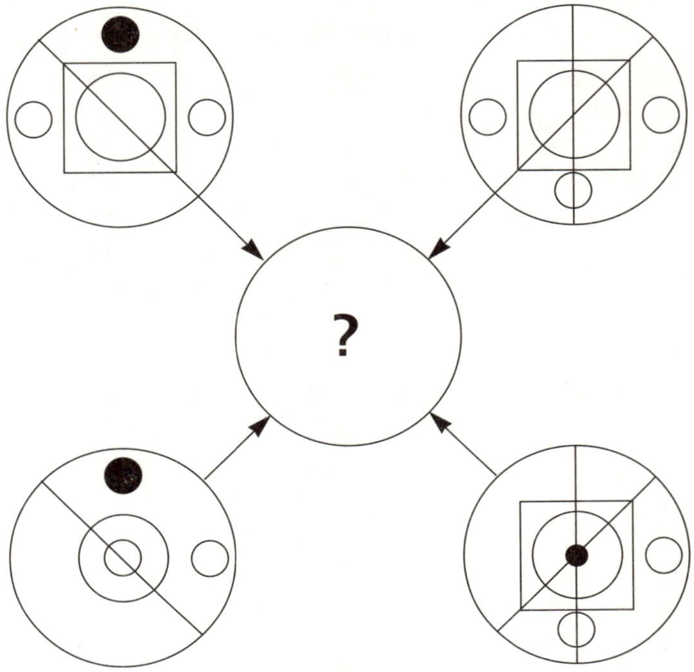

Jede Linie und jede Figur wird nach bestimmten Vorgaben in den mittleren Kreis übertragen.

Erscheint eine Linie oder eine Figur in den äußeren Kreisen

einmal:	wird sie übertragen
zweimal:	wird sie vielleicht übertragen
dreimal:	wird sie übertragen
viermal:	wird sie nicht übertragen.

Welcher der Kreise A–E gehört in die Mitte des Schaubilds?

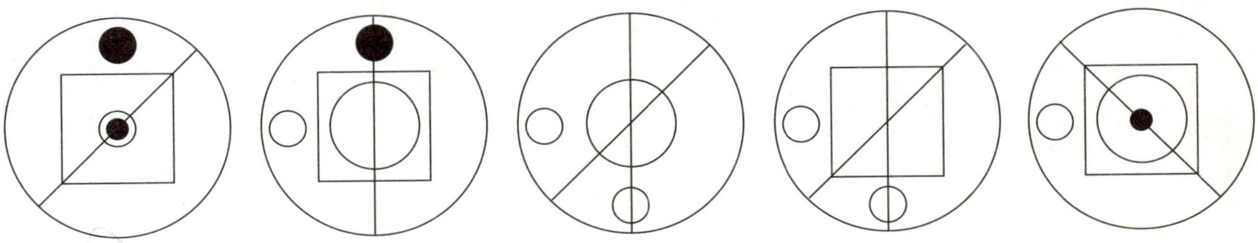

A **B** **C** **D** **E**

TEST 14

Lösungen

1. **D** Diese Figur enthält als einzige nur drei kleine weiße Kreise, alle anderen enthalten vier.
2. CHRISTINA
3. 12 von links nach rechts ergeben sich die Reihen durch +4, –3, +4; von oben nach unten durch +3, –4, +3.
4. **E** Zinnober : rot
5. nachlässig
6. SINNLICH, EROTISCH
7. 18
8. **A** Der schwarze Punkt bewegt sich von links nach rechts, der kleine weiße Kreis von rechts nach links.
9. **D** NATISKAP = Pastinak. Die Namen der Früchte lauten: Orange (NEGROA), Aprikose (KOAPREIS), Kürbis (SBIRÜK), Dattel (TEDLAT).
10. **E** 3811 : 2628 Kehren Sie die erste Zahl um und subtrahieren Sie, z.B. 3811 – 1183 = 2628.
11. Sieb, Durchschlag
12. **B** Nur Linien, die in den ersten beiden Fünfecken an derselben Stelle auftauchen, werden als Bogen in das dritte Fünfeck übernommen.
13. Hügel. Dies ist eine Erhebung. Alle anderen Begriffe beschreiben Bergeinschnitte.
14. FESSELN
15. 5 Zahlen in gegenüberliegenden Segmenten ergeben addiert 12.
16. 3 $225 \div (5 \times 15) = 3$
17. SCHIFF
18. ORNAMENT
19. KASSETTE
20. REDNER
21. **C** FLOTTE
22. ABSETZEN, ENTHEBEN
23. **F**
24. AUSFALL
25. larmoyant
26. **C**
27. 8 $(4 + 18 + 2) = (7 + 9 + 8)$
28. ASTHMA
29. BRÜCKE
30. **A**